中国旅游日
China Tourism Day

2012

中国旅游财务信息年鉴

中华人民共和国国家旅游局
NATIONAL TOURISM ADMINISTRATION
OF THE PEOPLE'S REPUBLIC OF CHINA

中国旅游出版社

THE YEARBOOK OF CHINA TOURISM FINANCIAL

《中国旅游财务信息年鉴》编辑委员会

前 言

《2012中国旅游财务信息年鉴》是一本在2012年编辑的反映2011年度中国旅游企业财务信息状况的资料性年刊。汇总范围是纳入企业年度财务报表填报工作的各旅行社、旅游饭店、旅游景区和旅游集团等旅游企业。本年鉴希望通过对2011年度旅游企业财务效益、资产营运、偿债能力和发展能力等主要财务指标，以及人均增加值、人均财政贡献等补充指标特别是社会贡献方面的分析评价，为广大旅游财务信息使用者提供翔实的行业平均参考数据，为完善旅游产业的表征体系，提升旅游产业素质，推进旅游业管理深化，引导旅游企业健康发展贡献微薄力量。

2011年是“十二五”的开局之年。面对复杂严峻的国内外经济形势和挑战，全国旅游行业认真贯彻党中央、国务院的决策部署，以科学发展为主题，以转变发展方式为主线，以国务院 41 号文件为指导，着力扩大旅游消费，着力提高服务质量，着力推进改革创新，着力转变发展方式，实现了“十二五”旅游业发展良好开局。年鉴数据显示，2011 年旅游企业经营状况整体向好，融资能力和抗风险能力进一步提升，各项经济评价指标均优于 2010 年，特别是净资产收益率提高近两个百分点，总资产增长率提高近四个百分点，人均增加值提高近万元，销售增长率达到 17.7%。与此同时，旅游企业加大了与三产融合的广度和深度，创新了商业盈利模式，填报企业的类型明显丰富。

与往年相比，《2012 中国旅游财务信息年鉴》用更多的笔墨对旅游企业经济效益之外的综合效益进行了深度剖析，从经济效益稳定、发展潜力巨大、社会效益明显等方面，解答了“旅游业资本效益不高，却成为市场投资热点”的疑问，印证了国家大力发展旅游业、充分发挥旅游业经济社会和文化生态功能的国家战略决策意义。

《2012 中国旅游财务信息年鉴》的编辑工作得到了社会各界人士的大力支持和帮助。中国社科院旅游研究中心、社科院财经战略研究院旅游与休闲研究室副主任戴学锋及其团队基于旅游财务数据所做的研究报告，以及宏源证券股份有限公司旅游酒店行业研究员孙妍基于上市公司样本数据撰写的上市旅游企业财务效益研究报告，进一步提升了《中国旅游财务信息年鉴》

的利用价值和可读性。此外，为保证财务数据的准确性，北京中瑞达财税服务有限公司总经理陈益坚及其团队、北京久其软件股份有限公司朱子豪承担了大量基础性审核工作，在此一并表示感谢。

由于财务信息统计体系不够健全，汇总企业数据还不能完全反映旅游业的全貌，加之时间和水平限制，年鉴中难免会存在缺憾，敬请广大读者批评指正，我们将在今后工作中不断改进和完善。研究报告中有关观点仅代表课题组专家意见，仅供研究分析参考。

《中国旅游财务信息年鉴》编辑委员会

二〇一二年七月

目 录

财务信息报告

中国旅游企业效益透视……2

2011 年上市旅游企业财务效益研究报告……22

2011 年度中国旅游企业财务信息报告……66

附表

2011 年度全国旅游行业经济效益评价主要财务指标表（全部旅游企业）……128

2011 年度全国旅游行业经济效益评价主要财务指标表（全部旅行社）……132

2011 年度全国旅游行业经济效益评价主要财务指标表（经营出境游旅行社）……136

2011 年度全国旅游行业经济效益评价主要财务指标表（经营非出境游旅行社）……140

2011 年度全国旅游行业经济效益评价主要财务指标表（全部旅游饭店）……144

2011 年度全国旅游行业经济效益评价主要财务指标表（五星级饭店）……148

2011 年度全国旅游行业经济效益评价主要财务指标表（四星级饭店）……152
2011 年度全国旅游行业经济效益评价主要财务指标表（三星级饭店）……156
2011 年度全国旅游行业经济效益评价主要财务指标表（二星级饭店）……160
2011 年度全国旅游行业经济效益评价主要财务指标表（一星级饭店）……164
2011 年度全国旅游行业经济效益评价主要财务指标表（未评星级饭店）……168
2011 年度全国旅游行业经济效益评价主要财务指标表（旅游集团）……172
2011 年度全国旅游行业经济效益评价主要财务指标表（全部旅游景区）……176
2011 年度全国旅游行业经济效益评价主要财务指标表（自然类旅游景区）……180
2011 年度全国旅游行业经济效益评价主要财务指标表（文物类旅游景区）……184
2011 年度全国旅游行业经济效益评价主要财务指标表（主题类旅游景区）……188
2011 年度全国旅游行业经济效益评价主要财务指标表（其他旅游企业）……192
2011 年度全国旅游行业经济效益评价补充财务指标表（全部旅游企业）……196
2011 年度全国旅游行业经济效益评价补充财务指标表（全部旅行社）……200
2011 年度全国旅游行业经济效益评价补充财务指标表（经营出境游旅行社）……204

2011 年度全国旅游行业经济效益评价补充财务指标表（经营非出境游旅行社）……208
2011 年度全国旅游行业经济效益评价补充财务指标表（全部旅游饭店）……212
2011 年度全国旅游行业经济效益评价补充财务指标表（五星级饭店）……216
2011 年度全国旅游行业经济效益评价补充财务指标表（四星级饭店）……220
2011 年度全国旅游行业经济效益评价补充财务指标表（三星级饭店）……224
2011 年度全国旅游行业经济效益评价补充财务指标表（二星级饭店）……228
2011 年度全国旅游行业经济效益评价补充财务指标表（一星级饭店）……232
2011 年度全国旅游行业经济效益评价补充财务指标表（未评星级饭店）……236
2011 年度全国旅游行业经济效益评价补充财务指标表（全部旅游景区）……240
2011 年度全国旅游行业经济效益评价补充财务指标表（自然类旅游景区）……244
2011 年度全国旅游行业经济效益评价补充财务指标表（文物类旅游景区）……248
2011 年度全国旅游行业经济效益评价补充财务指标表（主题类旅游景区）……252

财务信息报告

中国旅游企业效益透视

中国社会科学院财经战略研究院
国家旅游局规划财务司

2012 年 7 月

2011 年度我国旅游企业财务数据分析显示，旅游企业经济效益并不高，与社会资本投资旅游企业热情不减的现实形成巨大反差，因此，从新视角、新认识和新定位出发，对旅游企业的经济效益进行深入全面的分析显得尤为必要。

一、从企业视角综合分析旅游企业的经济效益

与 2010 年相比，2011 年旅游企业经济效益有所提高，但与社会其他行业相比，收益水平依然偏低。2011 年全国旅游企业净资产收益率平均为 5.32%，比 2010 年的 4.02% 上升 1.3 个百分点；全国旅游企业的总资产报酬率平均为 3.98%，比 2010 年的 2.54% 上升 1.44 个百分点；全国旅游企业营业利润率平均为 4.17%，比 2010 年的 2.51% 上升 1.66 个百分点。而从统计数据上看，

2010 年中国国有企业的净资产收益率平均为 7.4%，其中教育文化广播业净资产收益率平均为 8.2%，批发零售餐饮业净资产收益率为 12.8%，信息技术服务业净资产收益率为 9.4%[①]。

从世界旅游业角度看，旅游企业的经济效益也不高。据美国纽约大学 Aswath Damodar van 教授 Damodar Online 数据库监测的数据显示，2011 年美国饭店行业（Hotel/Gaming）的净资产收益率（ROE）为 4.59%，资本回报率（ROC）为 6.95%，日本饭店行业的净资产收益率为 -2.92%[②]。Ming-Hsiang Chen 测算了 1997~2008 年台湾饭店效益，得出台湾饭店的平均净资产收益率为 1.248%，总资产收益率（ROA）为 1.089%[③]。与全球旅游业相比，中国旅游企业的盈利并不低。2011 年中国旅游业企业总体平均净资产收益率为 5.32%，其中，净资产收益率最低的饭店行业为 3.02%，略低于美国，但高于日本、中国台湾等地区。饭店业中，五星级饭店的净资产收益率为 6.36%，高于美国饭店业净资产收益率。

而从资本投资的角度看，2011 年中国旅游企业的实收资本净额平均为 972.85 万元，比 2010 年的 959.28 万元提高了 1.41%，说明旅游企业吸引的资金在逐步增多，旅游企业的原始规模在逐步扩大。对典型案例的调查也显示，一些地区的所谓旅游综合体项目，投资动辄几十亿元，甚至上百亿元、几百亿元。

---

① 国务院国资委财务监督与考核评价局，2010年度企业国有资产统计数据资料，P64。

② 数据来源Damodar Online 数据库http://people.stern.nyu.edu/adamodar/New_Home_Page/data.html.

③ Ming-Hsiang Chen，The economy， tourism growth and corporate performance in the Taiwanese hotel industry，Tourism Management，31 （2010） 665-675.

一方面是旅游企业投资的效益不高，另一方面是旅游业的投资在迅速扩张，对此中玄机，有必要进行全面的分析。

（一）综合辩证地看待旅游企业的经济效益

旅游产业链较长，涵盖食住行游购娱等六要素以及其他延伸的产业业态，不同业态、不同性质的旅游企业效益差异极为明显，其中不乏投资效益极佳的业态，但由于旅游产业尚处于初级发展阶段，绝大部分企业属于中小型企业，盈利能力较弱，拉低了行业整体效益水平。此外，旅游业是一个综合性、公益性很强的产业，在其发展过程中，有一部分旅游企业已从事业单位转型过来，有一部分目前依然是事业单位，这些单位不以经济效益为主要目标，如旅游业中的很多景区，主要是为当地居民提供休闲的场所，如北京的中山公园、红领巾公园等，或者主要以文物修缮保护、宗教活动为主要工作，如帝王陵墓及有关寺庙景区。

1. 上市公司效益明显高于非上市企业

2011 年全国有旅游景区、旅游饭店、旅行社、餐饮等多种业态的上市企业 27 家，其中旅游景区 13 家，旅游饭店 7 家，旅行社 3 家，餐饮 3 家，其他旅游企业 1 家。旅游类的上市公司通过整合国内顶级的旅游优质资产，其资源价值、投资价值极佳，在资本市场的运作下，上市公司的企业经营效益明显高于非上市公司，旅游类上市企业日渐受到资本市场的青睐。从盈利能力来看，旅游类上市企业明显高于旅游行业企业的平均水平。2011 年旅游类上市公司净资产收益率为 10.27%，同期全国旅游行业平均仅为 5.32%；上市公司总资产报酬率为 6.32%，同期全国旅游行业平均仅为

3.98%。从发展能力方面来看，旅游类上市企业的整体水平同样要明显高于一般旅游企业。2011 年旅游类上市公司销售增长率为 26.73%，同期全国旅游企业平均为 17.66%。总资产增长率旅游类上市公司为 13.71%，同期全国旅游企业平均为 11.40%。从上述数据可以看出，旅游类上市公司企业效益明显高于全国其他旅游企业，代表了旅游行业内企业的佼佼者。

2. 综合性旅游业态的投资效益高

旅游业具有带动一方经济发展的巨大潜力，较小规模旅游企业难以获得全部的外部效益，这些外部效益大都被其他行业企业获得；旅游集团由于具有控制外部效益的能力，其效益明显高于其他业态的旅游企业，一些综合性的大型旅游集团的经济效益表现十分抢眼，已经展露出较强的盈利能力和经济价值。在营业净利润方面，2011 年旅游集团的企业净利润最高，平均为 11971.61 万元，远远超过了旅游企业的平均水平（平均为 55.17 万元），也高于其他业态的旅游企业水平（旅游景区 2011 年平均净利润为 208.38 万元）。在旅游企业净资产收益率和总资产报酬率方面，2011 年旅游集团平均分别为 10.80% 和 5.92%，明显高于单一的旅行社、旅游景区和旅游饭店等业态的资产收益率和总资产报酬率。

3. 旅游业态内部差异显著

旅游企业中不仅不同业态之间的效益存在差异，即使是同一业态内部也存在着显著的差异。旅游景区行业内，5A 级旅游景区的企业效益明显好于其他类型的旅游景区，这也从侧面说明很多低 A 级景区的公益性质；旅游饭店行业内，五星级饭店的企业效益好于其他类型的旅游饭店；旅行社行业内，经营出境游的旅行社的企业效益好于经营非出境游旅行社。以企业净资产收益率为例，2011 年五星级饭店净资产收益率为 6.36%，经营出境旅游业务的旅行社的净资产收益率为 12.70%，5A 级旅游景区的净资产收益率为 10.75%，均高于同业态其他类型的旅游企业。因此，如果单独看待 5A 级旅游景区、五星级饭店和经营出境游旅行社，旅游企业的经济效益是非常好的。

4. 旅游企业现金流巨大，具有资金运作的巨大潜力

旅游企业的资产收益率不高，但旅游企业与零售企业非常类似，具有极大的现金流，比如旅游饭店、旅行社等每天都会直接收入大量现金，这对大型旅游企业，特别是旅游集团来说尤为重要。如上海锦江集团在上世纪 80 年代中期就组建了自己的财务公司，将所属企业的巨大现金流整合起来为集团服务。北京首旅集团每天的现金流高达一亿元，几年前也组建了自己的结算中心，统一运作巨大的现金流，为集团服务。2011 年旅游集团的资产收益率为 10.80%，大大高于旅游企业 5.32% 的平均水平，其中相当收益来自于资本运作。

因而，具有资金盈余的大型企业愿意投资旅游行业作为资产保值增值的手段，也是看重了旅游企业具有较大的现金流，即便一时旅游企业可能出现亏损，由于具有较大的现金流，一般不会出现资金链断裂等严重问题，这为旅游企业的资本运作提供了重要保障。

（二）旅游业拥有众多优质资产，具有巨大的潜在升值潜力

旅游业内拥有许多的优质资产，既有一些世界级品质的旅游资源，比如世界文化遗产，截至 2011 年 6 月 24 日，中国已有 41 处世界遗产；也

有一些代表中国旅游景区的最高水平的5A级旅游景区，截至2012年4月27日，全国共有132家国家5A级旅游景区；不仅如此，还有其他一些尚不为众人所知的旅游景区、旅游饭店等优质资产，只是受限于国家政策和国家资本的控制，其资本效益未得到充分的体现。

目前国内高等级的旅游景区大多由国有资本控制，再加上国内现时缺乏完善的旅游产权交易平台，一些优质旅游资产无法在资本市场中充分实现自己的价值。因此，尽管从总体上看旅游业的效益并不好，但是只要深入探究就能发现，旅游业内存在许多优质旅游资产，存在着极大的商业开发机会。

（三）旅游综合体效益潜力巨大

由于旅游企业一般都与优美的风景结合在一起，或极大地改善某地区的风景，能够形成独特的“稀缺资源”，具有极大的升值空间和发展价值，如旅游企业往往占地面积较大，且拥有较好的资源如旅游风景资源或者是所处地理位置极好等，因此，其往往能与地产结合在一起。旅游的发展能极大地改善区域环境，带来良好“外部效益”，如土地升值等收益。比如芜湖的方特集团开发的主题公园极大地带动了周边地产的发展，其主题公园本身的经济效益并不突出，但是由于其能够为周边地区和其他产业带来效益，集团通过控制外部效益获得了极大“额外”收益，弥补了旅游业效益的不足。

因此，近年来“旅游综合体”这一新的发展模式在国内异军突起，其围绕旅游业的发展，建构起一系列相关产业，涵盖观光、游乐、休闲、度假、运动、文化、会议、商务、居住等多个产业，其核心就在于借助旅游业的发展，充分地吸纳旅游业所创造的外部效益，如深圳华侨城在全国的开发模式。

（四）旅游行业资本运作效益突出

旅游业的资产往往集中在城市核心区，或风景优美的地区，即便一些经济不发达地区，由于旅游业的发展必然带动区域经济的发展，使得该地区的总体收益大大提高，这就为旅游企业的资本运作提供了可能性。因此，很多旅游项目投资，往往不是简单的一般项目投资，而是一种长远的资本项目投资，甚至是一种不动产投资。以燕京饭店为例，2002 年海航酒店仅以 4646 万元就获得了燕京饭店 45% 的控股权。7 年之后，2009 年 11 月海南航空以 6.19 亿元收购北京燕京饭店 45% 股权，尽管燕京饭店的经济效益不高，但是短短 7 年后的收购价格溢价 11.49 倍。因此，从资本效益角度来看，旅游业是一个适合长远投资的极佳行业，业内许多沉淀并被掩盖着的优质资产，在未来充裕、通畅的资本撬动下，将以倍增速度给投资者带来良好的资本杠杆效益。

（五）旅游行业发展稳定，已经成为资本的避风港

随着人们生活水平的提高，旅游已经成为人们重要的生活方式，其发展潜力巨大，且不可逆转。旅游业尽管效益一般，但旅游业却具有较强的灵活性和可持续发展的能力，其受经济周期影响较小，即使是受到外部事件冲击之后，因其自身的适应性和内在的活力，往往能够迅速恢复增长，因此收益非常稳定，尤其重要的是旅游业有着较为稳定的现金流。

从近几年的发展情况来看，中国旅游业一直保持了较快的发展势头，成为中国应对国际金融危机、扩大内需、拉动经济增长新的亮点和引擎。2010年和2011年中国旅游企业的销售增长率均保持在两位数，分别为29.08%和17.66%。

因此，尽管旅游企业的效益并不高，但是总体上看是极为稳定的，很少会大起大落，更不可能沦为垃圾资产（而投资工业、制造业则风险极大）。从这个角度来看，旅游业是一种很好的资本投资或者是资产的贮存保值手段，特别是在当前中国资本充裕而投资渠道不畅的时代背景下，旅游业更是成为社会资本的避风港。

（六）旅游企业品牌效益明显

旅游业作为一个“吸引眼球的产业”，具有极好的广告效应，因此，对于一些巨型企业来讲，投资旅游业往往不是看重其直接的资本效益，而是从品牌、形象效益等方面综合考量的结果。

这方面比较突出的是对酒店的投资，目前，很多大型企业，都希望拥有自主投资的酒店，从而增加自身的无形资产，提升企业形象。比如，海航、中粮、海尔、美的等大型企业纷纷进入旅游行业，其注重品牌作用往往大于直接的效益追求。

不仅如此，投资旅游业还能够改善企业的投资环境和活动空间，这相当于为企业搭建了一个有效的经营平台，是企业的公关和品牌基地。从这个意义上看，这些企业已经不再仅仅关心其投资旅游企业的经济效益，而是关心“额外”的利益了。

（七）小结

因此，对于中国旅游企业的经济效益要综合地看，辩证地看，全面地看，长远地看。

目前，尽管中国旅游业总体经济效益看似不高，但从全球视角来看，中国旅游业的效益属于正常；旅游行业经济效益极为稳定，投资旅游业不同于工业等产业的投资，旅游投资很少会沦为垃圾资产，具有较强的保值升值空间，且具有稳定巨大的现金流；旅游业内部拥有诸多优质资产，其潜在价值吸引了巨大的社会资本投资；旅游业外部经济效益明显，越来越多的企业通过旅游综合体的形式“通吃”旅游业的外部效益；旅游业的品牌效益明显，越来越多的企业从品牌效益角度投资旅游业。

总之，旅游业的综合效益明显，已经超出了传统投资领域的概念，不能简单用传统的投资观念看待旅游企业的经济效益。当前，旅游业已经成为资本投资的重要领域，具有极大的发展空间。

二、从社会全视角看待中国旅游企业的经济数据

旅游业作为国民经济的战略性支柱产业，不仅自身的综合效益明显，而且具有极为明显而巨大的外部综合正效应，对社会经济发展具有极为重要的带动作用。另外，在经济生活方面，旅游业对于保障经济稳定增长、拉动就业、增加居民收入、带动地方社会经济转型、维护社会稳定都有着极为关键的作用。

（一）旅游业是保障经济稳定增长的核心力量

旅游业增长稳定，对于中国经济的平稳发展极为重要。特别是进入后金融危机时代，中国经济面临下行的风险日益明显，在新的背景下，旅游业成为保障经济稳定增长的核心力量。

1. 旅游业对拉动经济增长作用明显

旅游业对于带动经济增长的作用日益凸显。2011 年旅游企业总资产增长率、销售增长率和资本积累率均保持在较高水平，起到了带动经济增长的作用。

2011 年全国旅游企业总资产增长率为 11.40%，销售增长率为 17.66%，资本积累率为 11.8%，均保持在较高水平。2011 年反映旅游企业创造社会价值的能力的旅游企业人均增加值为 80266.02 元，与 2010 年的 68098.59 元相比增长了 17.86%，呈现较快增长态势，大大高于 GDP 的增速，这反映了旅游企业创造社会价值的能力不断提升。其中，2011 年旅游集团的企业人均增加值最高，为 163371.44 元，远远超过了旅游企业的平均水平；其次是旅游景区，其人均增加值为 85513.66 元；旅游饭店人均增加值为 71502.32 元；旅行社企业人均增加值最低，仅为 53107.70 元。其他旅游企业人均增加值为 85253.36 元。

2. 旅游业对国家经济稳定增长具有重要意义

旅游行业中以中小企业为主，众多的中小旅游企业分散了风险，对于保障经济的稳定增长极为重要。2011 年全国旅游企业中，中小型旅游企业所占比例达到 77.09%（中型企业占 14.09%，小型企业占 63%）。

中小企业是市场经济体的细胞和活力所在，中小企业的繁荣发展，对于整个经济体的稳定增长及活力塑造都是关键，甚至是中国经济繁荣和发展的基石与生力军。一方面，中小企业是创造就业的源泉，是扩大就业的主要渠道，是社会和谐的稳定器，特别是在经济下行时期，中小企业的就业吸纳能力更为重要，其能够在更为分散的社会系统中形成一个更稳定的网络。另一方面，中小企业是创造经济多样性的基础所在，中小企业以其自身对于市场需求的敏感度和灵活性，能够很好地创造更多的消费项目，满足人们多样化和个性化的需求。经济的稳定增长，需要大型企业的拉动，更需要无数充满活力的中小企业嵌入社会之中，唯此，整个经济的稳定增长才能有坚实的基础。

（二）旅游业是拉动就业的重要力量

1. 旅游业就业总量大

旅游业产业链长、产业关联度高、产业带动力大的特征，使得旅游业具有极强的就业创造能力，是劳动密集型行业，成为拉动就业的重要力量。近年，我国每年新增旅游直接就业人数约 50 万，旅游直接就业达 1100 万人，间接就业达 6500 万人，中国旅游就业人数达 7600 万，相当于全国就业总数的 9.6%①。从旅游企业统计数据上看，2011 年旅游企业全年平均职工人数为 72 人，与 2010 年相比旅游企业全年平均职工人数呈现增长态势（2010 年为 67 人），其中 2011 年旅游集团的平均职工人数最多，为 3346 人。

由此，旅游业综合性产业和带动作用，使得旅游业就业容量大，总体

① 数据来源于2010年3月国家旅游局局长邵琪伟在20国旅游部长会议上的讲话稿。

就业人数庞大，成为缓解就业压力，维护社会稳定的关键力量之一。

2. 中小型企业对稳定就业极为重要

旅游业以中小企业为主，虽然旅游行业中每一个旅游企业的就业人数并不多，但是众多的中小型企业，甚至微型企业，将社会就业人群广泛地分散到各个业态各个区域之中，使得社会稳定的基础更为扎实。旅游行业大量中小型企业的存在，对于稳定社会就业极为重要。2011 年中小型旅游企业所占比例达到 77.09%（中型企业占 14.09%，小型企业占 63%）。2011 年，旅游集团的年末从业人数最多，平均为 3354 人；其次是旅游饭店和旅游景区，其年末从业人数平均分别为 153 人和 113 人；旅行社的年末从业人数最低，平均仅为 16 人；其他旅游企业的年末从业人数平均为 136 人。这样的一种就业结构，有着更丰富的多样性、灵活性，具有很强的抗风险能力，即使面临经济下行的危机，其仍然能够保证社会就业的稳定，而不至于出现瞬时的全社会就业率陡降。

3. 旅游业能让更多社会底层人员就业

旅游业属于劳动密集型产业，就业门槛低，就业层次多，就业季节性明显，就业方式相对灵活，所有这些使得旅游业能够让更多社会底层人员获得就业岗位，缓解特殊群体的社会就业压力。2011 年旅游企业年人均职工工资为 28020.70 元，低于 2010 年全国城镇非私营单位就业人员年平均工资（37147 元），旅游行业的工资水平相对较低，这从侧面说明旅游业的就业门槛低，能有效地增加低收入群体的收入，维护社会稳定和谐。

4. 中西部就业尤为明显

由于中西部经济相对落后地区是我国旅游资源相对较为集中的地区，

旅游业的发展极大地带动了这些地区的就业。如：2011 年陕西和广西旅游企业平均从业人数分别为 78 人和 76 人，超过全国平均水平，旅游业成为这些地区就业的重要行业；2011 年新疆、云南、陕西等省区市的旅游企业人均职工工资分别为 28876 元、22040 元和 22511 元，旅游业成为增加居民收入的重要产业。

长期以来，民工潮成为中国社会的一大痼疾，就业人员的大量流动造成了很多社会问题，特别是中西部就业人员大量流向东南沿海地区，所带来的社会问题尤为明显。旅游业的发展不仅大大增加了中西部地区人员当地就业机会，而且对社会稳定具有重要意义。

（三）旅游业是维护社会稳定的关键力量

1. 旅游业是保障民生稳定的重要产业

旅游业通过再分配的形式稳定了低收入人群的生活和社会保障。2011 年全国旅游企业年人均职工工资为 28020.70 元，与 2010 年的 25523.86 元相比显著增长，2011 年全国旅游企业人均福利支出为 6036 元，与 2010 年的 4215 元相比增长了 43.19%，增长极为明显。

因此，旅游业的发展一方面使得更多低收入者就业，另一方面旅游业作为一个幸福产业，极大地促进了旅游业员工的福利增长。

2. 旅游业带动落后地区发展，促进区域协调发展

旅游业具有突出的综合带动作用。借助旅游业的发展，不仅能够将潜在资源转为经济优势，而且能够带动相关产业的发展，进而推动落后地区经济发展，促进区域协调发展，是地方经济发展的推进器与稳定器。

从汇总企业数据看，2011年中西部地区旅游业发展迅速，其中贵州旅游收入1429.48亿元，同比增长34.7%；陕西旅游收入1235亿元，同比增长34.7%；云南旅游收入1300.29亿元，同比增长29.66%；新疆旅游收入380亿元，同比增长24.2%；甘肃旅游收入330亿元，同比增长39%。

从旅游企业发展数据来看，2011年中西部地区旅游企业的规模和经营规模不断扩大，其中广西、甘肃、贵州、陕西、新疆、云南等省区市旅游企业平均总资产均超过1000万元，其中陕西、云南等省市超过3000万元，分别为3285万元和3283万元，广西、新疆两地超过2000万元，分别为2694.2万元和2264.7万元，云南、陕西、广西、新疆等地旅游企业平均营业总收入也超过1000万元，分别为1991.5万元、1606.2万元、1368.3万元和1167.7万元。2011年云南、新疆等省区市的旅游企业人均增加值分别为73569元和72085元，旅游业成为带动地区经济的重要引擎。

3. 旅游业促进不同产业的融合发展

旅游业是一个关联度非常高，综合带动性非常强的产业，据分析在《国民经济行业分类》中的122个产业部门中，有5个部门与旅游业有密切直接后向联系，8个部门与旅游业有较密切直接后向联系，80个部门与旅游业有直接后向联系，仅有29个部门与旅游业无直接后向联系。因此，旅游业具有与其他行业企业融合发展的巨大能力。这些年，旅游业与文化、体育、农业、工业、林业、商业、水利、地质、海洋、环保、气象等相关产业的融合发展，形成了一大批综合性的企业。这极大地带动了传统产业的升级发展，提高了传统产业的综合效益。甚至旅游业与工业遗产相结合，成为带动老工业基地转型升级的巨大推动力。从这个意义上看，旅游业本身的经济效益已经不重要，重要的是通过旅游业的发展，带动各个相关产业综合发展，如果算“小账”，旅游企业经济效益不高，但如果算“大帐”，企业群的经济效益则非常高。

4. 旅游业是推动地方产业转型升级的重要手段和途径

旅游业是典型的绿色产业、和谐产业、阳光产业，被称为“永远的朝阳产业”，在推动地方产业转型升级、实现可持续发展中扮演了重要角色。以山西为例，山西煤炭资源丰富、旅游文化资源也丰富，鉴于煤炭资源日益枯竭而旅游资源是绿色、健康、可再生的资源，近年来地方政府采取国资民资结合、煤旅并举的方式，鼓励煤炭企业向旅游开发转型，实现从“黑色到绿色、从地下到地上”的战略转变。其中山西晋城皇城相府景区是煤炭资本向旅游产业完美转型的典型案例。该企业原先以煤炭开发为主，近年来借助当地丰富的文化旅游资源，从煤炭资本中调集资金，进行景点建设、品牌宣传，并积极运用参股、控股、买断经营权等资本运营方式，形成了一个集古建文化、宗教朝拜、农业观光、度假休闲等功能于一体的旅游复合产品。2011 年山西省旅游景区销售增长率为 29%，资本积累率和资产增长率均为 38%，其中尤其以自然类旅游景区增长速度明显，销售增长率、资本积累率和资产增长率分别达到 89%、57% 和 50%。

（四）旅游业对财政的贡献明显

旅游企业人均缴税不仅高，且稳定增长，对国家财政贡献明显。2011

年全国旅游企业人均财政贡献为 16397.56 元，与 2010 年的 14317.31 元相比增长 14.5%。这反映出旅游企业向国家纳税能力不断提高，旅游业已经成为保障国家税收增长的重要力量。其中，2011 年旅游集团的企业人均财政贡献最高，为 51006.18 元，远远超过了旅游企业的平均水平；其次是旅游景区和旅游饭店，其人均财政贡献分别为 14056.19 元和 12898.64 元；旅行社企业的人均财政贡献最低，仅为 8425.52 元，主要是旅行社企业整体实力较弱，同时也与旅行社行业特殊的财务核算及税收政策有关；其他旅游企业人均财政贡献为 15392.32 元。

（五）旅游业对推动地方社会经济的全面发展作用明显

旅游业对于社会的全面发展同样具有不可替代的作用，特别是在地方举办大型活动上，旅游业的作用更为明显。以上海世博会为例，2010 年上海世博会为期 100 多天，吸引了世界 190 个国家、56 个国际组织参展，直接为上海带来国内外游客 7308.44 万人次（截至 2010 年 10 月 31 日），带来直接旅游收入 800 多亿元。

世博会期间，上海旅游企业的经营效益明显上升。2010 年上海旅游企业营业利润、净利润显著上升，世博会后的 2011 年企业效益明显回落。2010 年旅游企业平均营业利润为 274.54 万元，2011 年仅为 147.33 万元；2010 年旅游企业平均净利润为 243.34 万元，2011 年仅为 138.21 万元；2010 年旅游企业人均增加值为 12.35 万元，2011 年仅为 11.01 万元。在具体业态方面，2010 年旅游饭店和旅游景区的经营效益也显著增加。因世博会，2010 年上海旅游饭店出租率、平均房价和旅游收入，旅游景区接待人数都呈现上升，2011年出现回落。2010年上海旅游饭店平均出租率65.69%，2011年下降至56.79%；旅游饭店总收入2010年平均为4995.59万元，2011年为4523.61万元；旅游饭店平均房价2010年为881元，2011年仅为584元。2011年旅游饭店营业毛利也下降明显，2010年平均为3806.65万元，2011年为3322.30万元。2011年旅游景区接待人数也出现明显回落，2010年旅游景区平均接待游客人数为49.42万人次，2011年为43.69万人次。

三、旅游业——国民经济的战略性支柱产业

旅游业产业关联度高，综合带动性非常强，兼具经济、文化、社会、外交功能，集生产性和生活性、劳动密集型和资本密集型等特征于一体，对于国家的经济社会发展越来越重要。近年来，中国旅游业发展势头强劲，盈利能力显著增强，旅游业作为国民经济的战略性支柱产业的地位日益凸显。

从全国旅游企业经济数据可以分析得出：一方面，旅游业拥有诸多优质资产，资本效益突出，特别是长期资本效益更显著，品牌效益明显，具有较强的吸引力，日益受到现代资本市场的青睐，社会资本对旅游业投资旺盛；另一方面，旅游业的外部经济效益越来越突出，社会资本在进入旅游业时，越来越注重设法“通吃”外部效益，因此，以旅游集团为代表的旅游综合体增长迅猛；与此同时，更为重要的是，旅游业的社会贡献日益突出，旅游业对于保障经济稳定增长、拉动就业、增加居民收入、带动地方社会经济转型、维护社会稳定等方面都有着极为重要的作用，因此各级

政府越来越积极地支持旅游业发展。

旅游业的发展日益显现其综合效益，特别是对于社会发展和国家战略的贡献，日益成为国家战略的重要组成部分，旅游业的发展既能推动国家发展战略，也能引领国家发展战略；甚至旅游业自身逐步走向国家战略的舞台中心，在国家战略的实施过程中扮演着越来越重要的作用。事实上，旅游业作为窗口行业，在改革开放初期就是引领我国改革开放和经济改革的试验场，如建国饭店的设立对于我国探索引进外资、引进国外先进管理经验等方面做出积极的探索。未来，旅游业将继续发挥其作为国民经济战略性支柱产业的地位和作用，不仅要在“保增长、扩内需、调结构、促就业、惠民生”等领域发挥作用，而且，从国家战略的角度讲，将在提高国民福利、建设世界强国、提升国家软实力、增强文化凝聚力和国际影响力、维护国家安全等深层次方面有所作为。

四、进一步优化市场投资环境，释放旅游业的潜力

从旅游企业的财务数据分析中，也可以发现一些问题，这些问题在不同程度上制约着旅游业更健康稳定的发展，应引起足够的重视。对这些问题的解决将极大地释放旅游业的潜在效能，更好地服务国家战略的实施。

（一）建立旅游业产权交易平台

当前，中国旅游业内拥有很多优质资产，但受到政策和制度的制约，特别是传统计划经济体制的影响，旅游行业内大量的优质资产由国家

或以国有资本为核心的法人控制，由于资本流动不畅，旅游企业的潜在资本价值不能得到充分体现。数据显示，2011 年全国旅游企业资本主要以法人资本和国家资本为主，其所占的比例分别为 46% 和 23%。由此，众多的优质旅游资产处于“沉淀”状态，未能在资本市场中充分发挥作用。

此外，由于我国旅游资本交易平台至今未完全建立起来，旅游企业资产的流转和交易难以实现，更多的优质旅游资产无法在资本市场中充分有效地实现其价值，使得旅游业潜在价值没有得到充分体现。

市场经济时代下，要求旅游资产能够有效流动和重组，并在资本运作和流动中获得重新配置和最大升值。为此，未来中国旅游业应进一步加强对旅游企业产权交易平台的研究，构建及时、有效、安全的国际化产权交易平台和市场，促进资产的有效流动，借助产权交易，释放旅游资产能量，推动旅游业跨越式大发展。

（二）扩大非公经济比重

旅游业本是一个完全竞争的行业，但由于当前国有资产在旅游行业所占比重过高，在一定程度上制约了旅游业的发展。虽然从企业数量来看，2011 年旅游行业中 77% 的企业为中小型企业（其中小型企业 17083 家，占 63%），但是从企业资本结构来看，国有资本仍然占据较大的比重。2011 年全国旅游企业资本主要以法人资本和国家资本为主，而个人资本和外商资本所占比例较低，分别为 17% 和 10%。在旅游集团中，这一特征更为明显，2011 年旅游集团主要以国家资本为主，其所占比例为 48%。其他业态如旅游饭店、旅游景区同样以国有资本为主，2011 年旅游饭店、旅游景区法人资本所占比例分别为46%、50%，国家资本所占比例分别为21%和25%。

由于国有资产比重过高，且国有资产单体巨大，造成旅游行业的市场性不够，不能实现充分完全竞争，这是旅游行业企业效率较低的重要原因；同时，国有资产比重过高，造成了一定的阴影效益，使得旅游业内规模较小的民营资本难以快速成长，而民营资本是旅游业市场活力的基础所在。

为此，未来中国旅游业的发展，应该进一步研究国退民进问题，优化旅游业内部的资产结构，推动旅游资本的民营化，增强旅游业的活力，保障旅游行业的充分竞争。

（三）给予旅游业公平的社会待遇

一直以来经营成本费用过高是困扰旅游业发展的一个关键问题，特别是近年来，随着国内物价的上升，尤其是能源价格的上升，旅游企业的成本费用不断攀升，旅游企业的负担不断加重。尤其是旅游饭店行业一直以来使用的水、电、气的价格不仅远远高于一般工业企业，而且高于其他商贸服务企业，旅游饭店业本身水、电、气用量又较大，这更加提升了旅游饭店的经营成本。这些成本的上升也是近年来旅游景区门票价格上升背后的一个隐形“推手”。

虽然2009年国务院下发的41号文件中提出“落实宾馆饭店与一般工业企业同等的用水、用电、用气价格政策”以及其他减轻旅游企业负担的政策，但是具体如何细化一直没有落实。因此，有关部门应该进一步研究旅游企业成本费用问题，全方位地减轻旅游企业的负担，以提升旅游企业竞争力，推动旅游业的健康可持续发展。

2011年上市旅游企业财务效益研究报告

宏源证券股份有限公司
国家旅游局规划财务司

2012年7月

一、上市旅游企业的基本特征

我们从上市公司业态、企业性质、企业规模及空间分布等四个方面，对28家样本上市旅游企业2011年的财务数据进行了比较分析，发现旅游类上市企业中景区类企业占比最高，企业性质多以国有企业为主，规模以大型企业为主，空间分布主要集中在东部发达城市。具体分析如下：

（一）较强盈利能力加快景区类企业上市步伐

根据上市公司主营业务中各业务的分类，同时参照公司的经营战略，我们把旅游类上市企业划分为5大类：把景区业务收入占比超过50%的上市企业划分为景区类上市企业，主要包括丽江旅游、黄山旅游、宋城股份、峨眉山A、大连圣亚、三特索道、北京旅游、西藏旅游、桂林旅游、张家界10家上市企业。把旅游饭店业务收入占比超过50%以上的企业划分为旅游饭店类上市企业，共包括新都酒店、华天酒店、金陵饭店、锦江股份、东方宾馆 5 家上市企业。餐饮业务占比达到 50% 以上的企业划分为餐饮类旅游上市企业，主要有全聚德、湘鄂情和西安饮食 3 家上市公司。把旅行社业务占比超过 50% 的上市企业划分为旅行社类上市企业，主要有中青旅、中国国旅、国旅联合和首旅股份 4 家上市公司。另外，把业务种类比较复杂，主要是地产业务和旅游服务占比较高的上市企业划分为其他类上市企业，共 6 家，包括华侨城 A、腾邦国际、云南旅游、世纪游轮、九龙山、西安旅游。

表 1　2011 年上市旅游企业业态分布

企业类别	样本企业数量（家）	所占比例（%）
旅游景区	10	35.71
旅游饭店	5	17.86
旅行社	4	14.29
餐饮	3	10.71
其他旅游企业	6	21.73

资料来源：宏源证券、上市公司公告。

从样本上市旅游企业数据的分析结果来看，2011 年上市旅游企业以旅游景区为主，其所占比例达到 35.71%；其他各类上市企业占比都比较相近。

从全国旅游企业的分布来看，旅行社数量所占的比例达到了 60% 以上，但上市的旅行社家数却只有 4 家，说明我国旅行社还是呈现数量多、规模小、集中度低的特点，具有重要影响力的企业数量有限。旅游景区类的企业在所有旅游企业中占比不到 10%，但景区类上市企业却占据了旅游行业上市企业的一半，这无疑与景区类上市企业良好的盈利能力有关。

（二）上市旅游企业性质多以国有企业为主导

表 2　2011 年上市旅游企业性质结构比例

企业类别	样本企业数量（家）	所占比例（%）
国有及国有控股企业	19	67.86
私营企业	8	28.57
中外合资	1	3.57

资料来源：宏源证券、上市公司公告。

从企业性质来看，上市旅游企业中国有及国有控股企业较多，共有 19 家，占上市旅游企业的 67.86%；私营企业所占比例为 28.57%，在我国鼓励民间资本投资旅游业的大背景下，私营旅游企业有望在未来有更多的上市机会。相比而言，外资和中外合资类的上市旅游企业很少，只有 1 家上市企业。

（三）企业规模多以大型企业为主

表 3　2011 年全国上市旅游企业规模分布情况

企业类别	样本企业数量（家）	所占比例（%）
大型企业	25	89.29
中型企业	3	10.71

资料来源：宏源证券、上市公司公告。

从企业规模来看，上市旅游企业以大型企业为主，大型企业占到了 89.29%，中型企业占比为 10.71%。（企业规模是参照企业的从业人数和销售额来划分的，大型旅游企业的标准是从业人数在 800 人以上，年销售额在 15000 万元以上；中型旅游企业的标准是从业人数在 500~800 人之间，年销售额在 3000 万元至 15000 万元之间；小型旅游企业标准是从业人数在 400 人以下，年销售额在 3000 万元以下。）

（四）企业集中分布于东部发达地区

表 4　2011 年上市旅游企业区域分布

地区	样本企业数量（家）	所占比例（%）	地区	样本企业数量（家）	所占比例（%）
北京	6	21.43	湖北	1	3.57
广东	4	14.29	西藏	1	3.57
上海	2	7.14	辽宁	1	3.57
云南	2	7.14	重庆	1	3.57
湖南	2	7.14	广西	1	3.57
江苏	2	7.14	浙江	1	3.57
陕西	2	7.14	安徽	1	3.57
四川	1	3.57			

资料来源：上市公司公告、宏源证券。

从空间分布来看，我国上市旅游企业多分布在东部沿海地区，北京、广东、上海和江苏都有多家上市旅游企业。北京上市旅游企业最多，占到了 21.43%；广东所占比率也较高，达到 14.29%。西部地区上市旅游企业相对较少，但随着国家西部大开发战略的深入，中西部地区可以依托自己独特的旅游资源和文化提升地区在旅游行业的竞争力，未来中西部地区的上市旅游企业数量有望进一步提升。

二、上市旅游企业财务效益分析

（一）旅游类上市企业整体特点

表 5　2010 年和 2011 年上市旅游企业效益情况

	财务指标	2011 年全国旅游企业	2011 年全国旅游上市公司	2010 年全国旅游上市公司
盈利能力	净资产收益率（%）	5.32	10.27	9.96
	总资产报酬率（%）	3.98	6.32	6.20
	销售利润率（%）	4.17	11.30	11.37
	成本费用利润率（%）	4.91	13.00	12.97
营运能力	总资产周转率（次）	0.65	0.72	0.65
	流动资产周转率（次）	1.63	1.68	1.46
	存货周转率（次）	1.96	5.10	4.86
	应收账款周转率（次）	21.50	11.69	10.13
偿债能力	资产负债率（%）	56.24	38.41	38.24
	流动比率（%）	104.94	139.30	154.29
	速动比率（%）	82.79	120.16	141.74
	长期资产适合率（%）	151.84	225.35	222.02
发展能力	销售增长率（%）	17.66	26.73	32.76
	资本积累率（%）	11.18	12.61	23.18
	总资产增长率（%）	11.40	13.71	23.59

资料来源：国家旅游局、上市公司公告、宏源证券。

1. 从企业盈利能力分析，旅游类上市企业明显高于全国旅游企业的平均水平。这一现象的主要原因一方面是由于上市企业本来就是行业内的佼佼者，本身的盈利能力就强于行业内的其他公司；另一方面，相关公司要上市，必须在净利润方面达到固定数额，只有盈利能力强、利润高的企业才能够成为上市企业。也就是说，盈利能力本来就是遴选上市企业的重要标准，所以旅游行业上市企业的盈利水平远高于其他旅游企业也就显而易见了。对比上市企业2010年数据，可以看到在2011年上市企业的盈利水平有了一定程度的上升，这与上市企业资金运用效率的提升和旅游行业本身的快速发展关系较大。

2. 从企业营运能力分析，上市企业和一般企业在总资产周转率和流动资产周转率上相差很小。其中，上市企业的存货周转率明显高于一般旅游企业，体现了上市企业存货资产变现能力更强，存货及占用在存货上的资金周转速度更快。旅游行业中不同子行业的存货水平也存在比较大的差距，相对来说，景区类的上市企业存货水平占总资产的水平比较低，而餐饮、旅游饭店类上市企业存货占总资产的比率相对比较高，因而子行业所呈现出来的不同特点还要单独再进行分析。对比2010年数据，上市企业的营运能力有了一定的提升，总资产、流动资产和存货的周转率提高，企业的资金使用效率提升明显。

3. 从企业偿债能力分析，由于上市企业有更多的机会可以进行股权融资，因而从资产负债率来看，上市企业的负债率要低于所有旅游企业平均水平大约20个百分点。从流动比率和速动比率来看，上市企业的水平都相对较高，流动资产对流动负债的保障能力更强，上市企业的短期偿债能力更强。长期资产适合率从企业资源配置结构方面反映了企业的偿债能力，从维护企业财务结构稳定和长期安全性角度出发，该指标数值较高比较好，但过高也会带来融资成本增加的问题，理论上认为该指标≥ 100%较好。由于上市企业所有者权益数值相对较大，因而上市企业在长期资产适合率方面高于一般的旅游企业。与上年相比，上市企业的资产负债率有了小幅度的下降，流动比率和速动比率数值也在减小，体现了短期偿债能力有所减弱，但总体来说偿债能力的数值变动很小，这种变化更多地归因于上市企业在长短期债务上的结构性调整，对上市企业的影响不大。

4. 从企业增长能力分析，上市企业的整体水平明显高于一般旅游企业。从销售增长率来看，上市企业的平均水平接近 30%，高于全行业平均水平 10%，可以看出，上市企业不但在盈利水平上高于一般企业，其成长状况和发展能力同样具有明显的优势。一方面，上市企业本来就是行业内的领军者，发展能力本来就比较突出；另一方面，上市有利于增强公司的知名度和影响力，对公司起了比较好的宣传推动作用，进一步增强了公司持续发展的动力。资本积累率是企业所有者权益增长额同年初所有者权益的比率，反映了企业当年资本的积累能力，该指标越高，表明企业的资本积累越多，企业资本保全性越强，应付风险、持续发展的能力越强。相比一般企业，上市企业在股权融资上的优势更大，选择更多，因而在资本积累方面明显占优，其持续发展的能力也更强。总资产增长率衡量的是企业本期资产规模的增长情况，用以评价企业经营规模总量上的扩张程度。上市企业总资产增长率略高于一般企业，反映了上市企业整体上并不存在着盲目扩张的问题。

同时，对比2010年的数据，虽然上市企业在销售增长率、总资产增长率和资本积累率上都有一定的下降，但由于丽江旅游等上市企业在2011年进行了资产注入等，公司整体的盈利能力有了一定程度的提升。上市企业的流动比率在2011年有所下降，这一现象出现的主要原因是上市企业流动负债的增速要快于流动资产的增速。2011年上市企业流动资产比2010年增加了10.4%，而流动负债却增加了22.3%，所以说流动比率的下降与流动负债的快速增长关系更大。上市企业净资产收益率的增长主要得益于净利润的增长，2011年上市企业净利润同比增长16%，而所有者权益增加12.6%。

（二）景区类上市企业分析

1. 景区类上市企业盈利能力好于全国均值

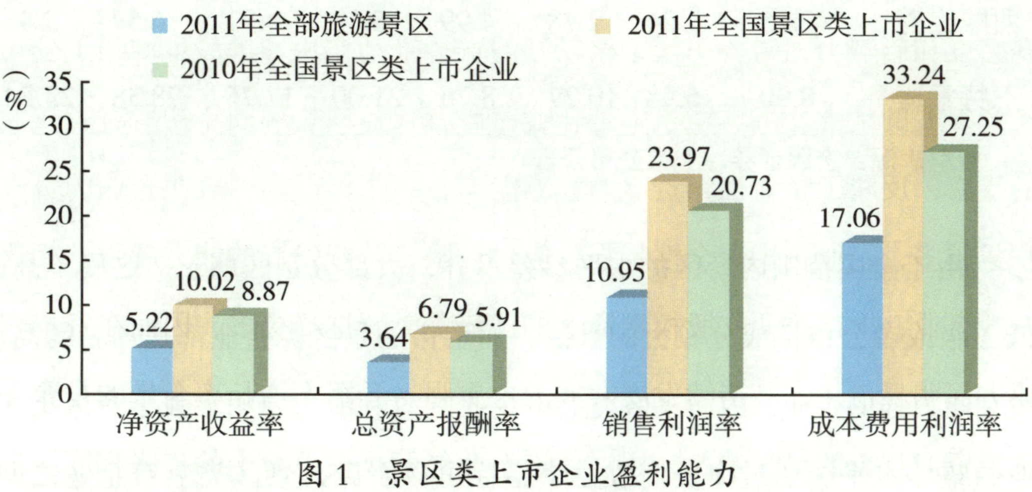

图1 景区类上市企业盈利能力

资料来源：宏源证券、国家旅游局、上市公司公告。

表 6　景区类上市旅游企业盈利能力

	净资产收益率（%）		总资产报酬率（%）		销售利润率（%）		成本费用利润率（%）	
年　份	2011	2010	2011	2010	2011	2010	2011	2010
上市企业平均	10.02	8.87	6.79	5.91	23.97	20.73	33.24	27.25
北京旅游	1.64	1.73	1.17	2.75	4.52	0.23	4.94	0.23
丽江旅游	17.12	1.98	20.27	3.30	38.44	15.73	66.50	18.97
黄山旅游	15.99	16.96	14.45	15.42	23.44	22.69	32.27	30.56
宋城股份	8.49	11.67	9.44	13.13	55.63	51.40	137.64	114.10
峨眉山 A	17.19	14.96	15.00	12.53	19.09	18.07	25.02	23.42
张家界	38.06	107.49	37.66	41.86	22.04	19.42	29.48	25.16
桂林旅游	4.72	7.37	4.50	6.84	13.34	12.35	15.40	14.46
大连圣亚	1.68	1.92	2.33	3.18	–1.39	1.71	–1.53	1.69
西藏旅游	2.25	7.24	2.78	4.99	5.82	4.91	6.57	5.43
三特索道	8.90	6.98	10.27	8.76	21.00	17.75	28.38	23.24

资料来源：宏源证券、上市公司公告。

由于全国范围内景区的水平参差不齐，大部分景区属于知名度不高、低 A 级或者公益性成分较大的景区，而上市的景区类企业都是知名度高、盈利能力强的企业，因而景区类上市企业的盈利能力要明显强于景区类企业的整体水平。通过净资产收益率指标可以看到，景区类上市企业之间盈利能力水平差距较大，最低的北京旅游只有不到 2%，而最高的张家界则接近 40%；丽江旅游、黄山旅游、峨眉山分别在 15% 以上，净资产收益率水平较高的景区类企业经营资产主要以盈利能力较强的门票、索道客运为主。

虽然 2011 年宏观经济的运行状况并不理想，但景区类上市企业的盈利指标没有出现一致性的降低，除大连圣亚销售利润率和成本费用利润率出现下降外，其他企业这两项指标都上升。而对比净资产收益率和总资产收益率，有的上市企业盈利能力上升明显，而有的上市企业则出现了下滑。可见景区类上市企业的盈利能力趋同性并不高，企业的盈利能力还要结合公司具体业务和发展战略来看，如丽江旅游的盈利能力在 2011 年有了快速的提升，与丽江旅游索道改造完成和印象丽江资产注入有很大关系。

2. 轻资产类上市公司存货周转率较快

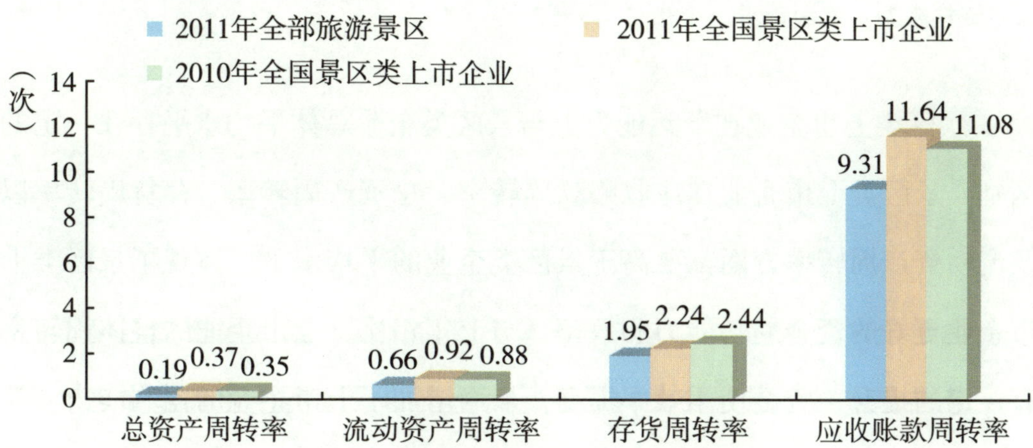

图 2　景区类上市企业营运能力

资料来源：宏源证券、国家旅游局、上市公司公告。

表 7　景区类上市旅游企业营运能力

	总资产周转率（次）		流动资产周转率（次）		存货周转率（次）		应收账款周转率（次）	
年　份	2011	2010	2011	2010	2011	2010	2011	2010
上市企业平均	0.37	0.35	0.92	0.88	2.24	2.44	11.64	11.08
北京旅游	0.25	0.31	0.67	1.57	8.71	7.89	30.63	30.83
丽江旅游	0.50	0.19	2.34	1.04	29.79	5.88	202.8	67.88
黄山旅游	0.60	0.68	1.44	1.63	1.33	1.79	35.32	32.06
宋城股份	0.17	0.24	0.23	0.36	248.32	228.66	144.68	269.60
峨眉山 A	0.76	0.64	3.27	3.97	22.02	21.17	97.8	85.72
张家界	1.58	1.33	7.87	8.16	156.09	215.10	903.66	619.69
桂林旅游	0.22	0.31	0.79	1.33	2.01	3.60	4.72	6.89
大连圣亚	0.26	0.20	1.11	0.80	7.83	8.93	0.00	265.73
西藏旅游	0.26	0.20	0.72	0.53	12.99	6.69	5.43	3.33
三特索道	0.34	0.37	1.22	1.15	0.91	0.89	88.92	151.09

资料来源：宏源证券、上市公司公告。

景区类上市企业在营运能力上与景区类企业总体平均水平存在一定的区别。景区类上市企业在应收账款周转率、总资产周转率、存货周转率以及流动资产周转率方面都要高于景区类企业的平均水平，体现了景区类上市企业更好的资金周转能力和效率。与上年相比，上市企业的整体周转率有一定的提升，资金使用效率提高，从而增加了上市企业的盈利能力。从存货周转率来看，上市企业经营资产的不同导致存货周转率的差别较大，存货周转率较高的张家界和宋城股份都超过了 150，主要原因是其经营主业为景区资产，一定时期内的平均存货较小。对比这几家上市企业的盈利能力，可以发现存货周转较快的公司往往盈利能力也较强，也就是说占用在存货上的资金周转越快，公司的盈利水平越高。

对比2010年，上市企业除存货之外的各项周转指标都略有提升，但上升幅度很小，对企业整体影响不大。丽江旅游对比其他上市企业各项周转率变化较大，主要原因是企业完成了对索道的改造，因而减少了存货等项目，提升了资金的使用效率。宋城股份，应收账款周转率同比较大幅度下降46.3%，主要是公司动漫馆会展客户应收账款381万元正在结算中所致；而总资产周转率和流动资产周转率同比下降，主要是公司募投项目尚未产生效益所致。桂林旅游由于在2011年营业收入同比增加只有0.45%，营业成本只增加0.1%，而流动资产、存货等项目增加幅度比较明显，因而使企业几项周转比例都出现较明显的下降。三特索道应收账款周转率下降明显，主要原因是应收账款同比增长196.23%。

3. 资本市场融资平台助力，上市企业资产负债率较低

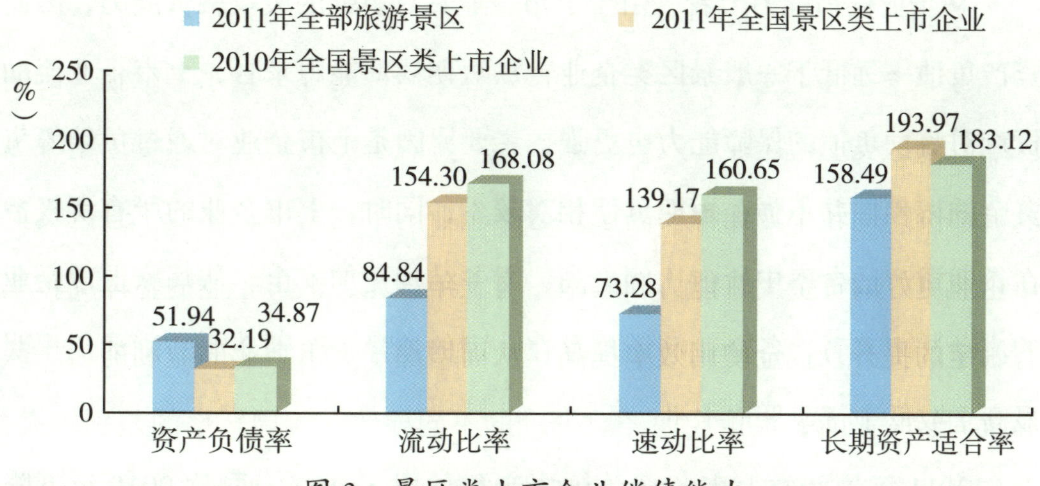

图3　景区类上市企业偿债能力

资料来源：宏源证券、国家旅游局、上市公司公告。

表 8　景区类上市企业偿债能力

	资产负债率（%）		流动比率（%）		速动比率（%）		长期资产适合率（%）	
年　份	2011	2010	2011	2010	2011	2010	2011	2010
上市企业平均	32.19	34.87	154.30	168.08	139.17	160.65	193.97	183.12
北京旅游	15.14	43.06	667.30	103.36	656.24	91.59	259.29	142.63
丽江旅游	30.47	35.09	142.93	65.42	140.73	63.53	143.24	116.94
黄山旅游	41.67	37.17	108.09	129.26	34.09	59.83	190.00	158.91
宋城股份	11.08	14.85	746.96	1130.21	746.78	1129.95	525.32	793.39
峨眉山 A	25.24	32.84	113.59	71.98	103.86	66.25	121.39	101.26
张家界	37.64	103.75	61.34	23.78	58.67	23.45	120.79	161.50
桂林旅游	38.23	33.14	93.19	133.95	77.36	97.41	142.57	159.16
大连圣亚	52.65	51.37	48.56	43.37	45.60	40.40	90.71	86.70
西藏旅游	32.25	48.44	243.90	125.93	238.36	121.02	632.64	333.96
三特索道	59.56	55.48	64.39	102.86	28.04	38.45	117.58	136.80

资料来源：宏源证券、上市公司公告。

从企业偿债能力上看，由于上市企业具有更强的股权融资能力，因而资产负债率远低于一般景区类企业；从短期偿债能力来看，上市企业流动资产对流动负债的保障能力也更强，主要原因是上市企业对通过负债筹集资金的依赖性并不强，短期负债相对较少；同时，上市企业的所有者权益在长期资产适合率中所占比例更高，财务结构更加安全。从每家上市企业的流动比率来看，各企业间还是存在一定的差异，个别企业的流动比率明显高于或低于行业平均水平。

2011 年景区类上市公司总体资产负债率 32.19%，同比 2010 年下降 2.68 个百分点，流动比率、速动比率都有所下降。景区类上市企业流动比率的下降主要因为流动负债上升速度较快，2011 年流动负债同比上升 29.7%，而流动资产只增加了 19.1%。上市企业的偿债能力变化很小，对企业影响有限，资产负债率略有下降，反映短期偿债能力的流动比率和速动比率也有小幅下降。张家界资产负债率的下降主要因为企业完成了重大资产重组，提升了资产质量。北京旅游则是通过非公开发行股票降低了公司的资产负债率，增加了公司的流动资金，增强了短期偿债能力。宋城股份流、速动比率同比下降 33.91%，但仍在较高水平，主要是公司募投项目建设和异地项目推进导致货币资金减少，同时这些项目都在建设中尚未产生经济效益所致。桂林旅游在 2011 年发行了 2.5 亿元短期融资券来补充营运资金和偿还贷款，因而流动负债同比大幅增长 101.1%，导致了公司资产负债率上升，同时流动比率和速动比率出现了明显的下降。西藏旅游在 2011 年定向募资 3.3 亿元，因而公司的资产负债率下降明显，长期资产适合率增加近一倍。同时，由于公司并未将所有的资金投入项目，所以增加了公司的货币资产，流动比率和速动比率都有明显上升。

4. 景区增长各有千秋，新增资产注入见效明显

表 9　景区类上市企业增长能力

	销售增长率（%）		资本积累率（%）		总资产增长率（%）	
年　份	2011	2010	2011	2010	2011	2010
上市企业平均	24.41	43.21	21.70	88.29	19.72	44.49
北京旅游	6.63	1.93	200.58	1.75	102.60	–20.68
丽江旅游	191.57	3.96	15.78	44.26	12.69	–6.49

续表

	销售增长率（%）		资本积累率（%）		总资产增长率（%）	
年　份	2011	2010	2011	2010	2011	2010
黄山旅游	10.81	28.11	16.92	18.54	26.03	26.33
宋城股份	13.44	62.74	6.78	851.83	2.26	318.84
峨眉山 A	23.37	21.83	14.85	13.95	3.02	6.54
张家界	46.75	5.08	47.05	69.73	0.56	–18.70
桂林旅游	0.45	140.91	1.94	166.79	9.62	55.99
大连圣亚	24.68	8.42	1.69	1.36	0.60	–8.49
西藏旅游	62.3	27.45	112.24	7.18	58.49	–2.48
三特索道	10.75	36.75	7.87	3.81	20.75	18.24

资料来源：宏源证券、上市公司公告。

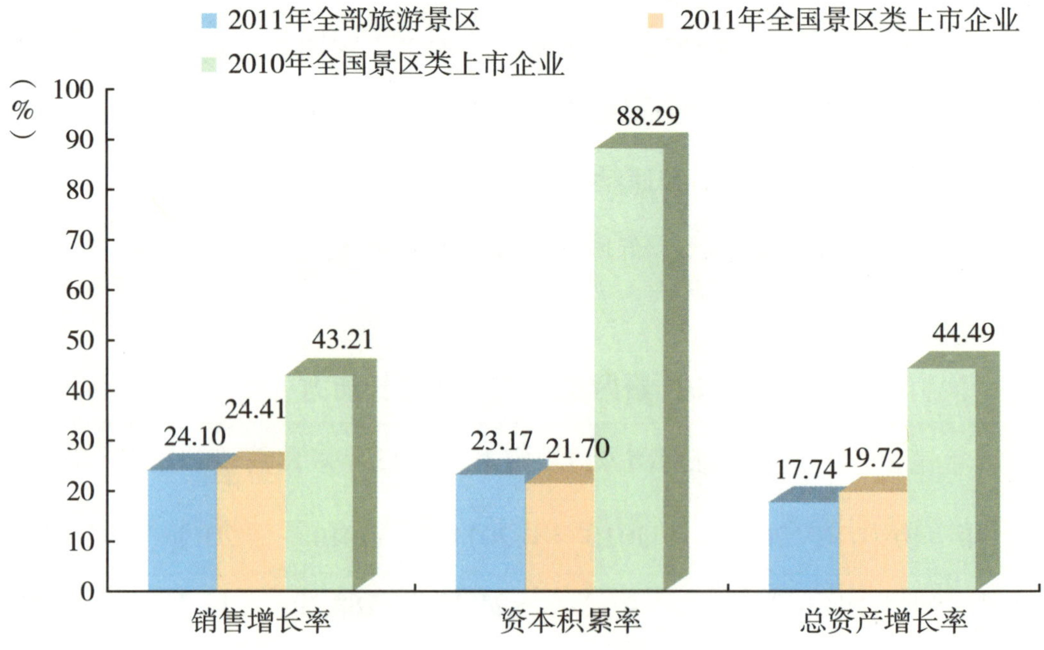

图 4　景区类上市企业增长能力

资料来源：宏源证券、国家旅游局、上市公司公告。

从增长能力来看，2011 年景区类上市企业的销售增长率和全国一般景区企业基本持平，反映了景区类企业全国大发展的局面。从资本积累率和总资产增长率看，上市企业表面上增速相对较慢，但需要注意的是由于上市企业在资本和总资产上处于相对较高的水平，相同的增量带给上市企业和一般小企业的增速是不一样的，小企业所呈现出来的增速往往是更快的，所以也不能说明上市企业在资本积累和总资产扩张上水平差于一般景区类企业。

我们选取销售增长率来研究上市企业之间的差异，剔除 2011 年较多地产结算导致其收入大幅增长外，丽江旅游、西藏旅游、张家界、峨眉山 A、大连圣亚等企业都实现了 20% 以上的增长。总体来看，景区资产具备的消费属性在一定时期内维持稳定增长，较突出的增长主要是由于停业资产重新开业、报告期内合并新注入资产等原因导致，因此，景区类上市企业的投资和分析应更偏重个体分析。

2011 年景区类上市企业的成长能力有所下降，但由于各家上市企业业务方面的不同，在成长能力上分化比较严重。丽江旅游由于印象丽江资产的注入和受益于索道业务改造完成，销售增长率大幅增加。宋城股份在 2011 年完成 IPO，因而资本积累率在 2011 年提高 851.83%。张家界 2011 年销售增长率大幅提高，主要原因是景区游客人数较 2010 年大幅增长以及宝峰湖景区、十里画廊观光电车经过提质改造，景区品质得到明显提升。桂林旅游 2010 年销售增长率大增，主要原因是公司承继的福隆园地产项目交付开发商土地约 6.7 万平方米，实现收入 12068 万元、净利润 2631 万元所致。

5. 景区发展重点着力于丰富业态、提振人均消费

一般情况下，景区类企业的整体盈利能力高于其他类型旅游企业；而从全国范围来看，景区类上市企业的盈利能力也是远远高于一般企业的。在这一部分，我们希望通过一些重点补充指标来说明景区类上市企业盈利能力突出的原因。

我们选取了景区类上市企业中有代表性的三家企业：峨眉山 A、宋城股份及丽江旅游，下表中列出了这三家上市企业中主营业务收入前三名的业务产品的毛利率水平，同时，我们还给出了全国景区类企业主要业务的毛利率水平。

表 10　景区类上市企业主营业务毛利率

	主营业务产品	2011 年毛利率（%）	2010 年毛利率（%）
丽江旅游	索道运输	83.98	87.79
	印象演出	75.15	—
	酒店经营	72.52	69.54
宋城股份	宋城景区	82.26	84.97
	杭州乐园景区	64.79	63.77
	动漫馆	15.32	39.16
峨眉山 A	游山门票	39.84	43.78
	客运索道	80.42	84.19
	宾馆客运	19.73	18.98

资料来源：宏源证券、上市公司公告。

表 11　全国景区类企业业务毛利率

	景区餐饮	景区商品	景区娱乐
毛利率（%）	40.99	47.17	56.86

资料来源：宏源证券、国家旅游局。

表 12　2011 年景区类上市企业人均消费

	营业收入（万元）		游客数（人次）		人均消费（元）	
年　份	2011	2010	2011	2010	2011	2010
峨眉山 A	90765.48	73573.31	2596900	2017200	345.6	360.3
宋城股份	504532.22	44475.67	3327257	3801855	68.51	84.42

资料来源：宏源证券、上市公司公告。

由于宋城景区以演艺业务为主，游客中过夜游人数少，所以住宿消费少，人均消费水平较低；峨眉山的人均消费水平在行业中处于较高水平，达到人均 345.6 元。可见，我国景区类上市企业的人均消费水平有较大差别，上市公司可以提升的空间比较大，可以通过增加景区业务种类，完善已有业务服务水平来吸引更多游客进行消费，进一步提升人均消费水平，增加上市公司盈利。

可以看到，这三家上市企业的一个显著特点是主营业务产品毛利率都很高，不少业务产品的毛利率超过了 80%。对比全国的数据来看，虽然全国景区类企业在餐饮、商品和娱乐方面的毛利率水平很高，领先于旅行社、旅游饭店的毛利率水平，但相比于上市企业来说，还是落后较多。

景区的餐饮和商品销售的毛利率相对较低，而娱乐的毛利率较高。参考上市企业的数据可以发现，除了传统的索道业务保持很高的毛利率外，上市企业内部也具有较高盈利增长点，比如说丽江旅游的印象演出业务、宋城股份的“宋城千古情”。这些新业务偏向于文化和旅游的大融合，符合旅游产业发展的现状和目标，其经营毛利率达到了 70% 甚至 80% 以上。

参考全国景区类企业各业务的毛利率水平以及代表性上市公司的相关补充指标，我们可以发现，景区类企业盈利水平的关键首先在于企业主营产品的盈利能力，如果企业能保持主营业务中有几项突出的高毛利率业务产品，企业往往能够达到比较高的盈利水平。同时，从具体的业务来看，传统的餐饮、商品销售所带来的盈利水平较有限，除去存量资产的稳定增长，企业如果想获取比较高的整体盈利能力，需要丰富经营业态，扩大高盈利水平资产占比，这是企业未来提升自己盈利能力的关键。

2011 年，上述三家上市企业的营业收入与 2010 年相比都有增加，宋城股份由于上海世博会的影响，游客人数略有下降。从人均消费来看，峨眉山 A 和宋城股份都有一定程度的下降，说明宏观经济的不景气对于景区的消费还是存在一定影响。

表13　全国景区类企业各业务收入占比

单位：%

	峨眉山A		宋城股份		丽江旅游	
年份	2011	2010	2011	2010	2011	2010
门票	36.28	34.63	32.53	30.78	—	—
索道	26.76	25.52	—	—	35.24	55.63
演艺	—	—	58.99	61.29	41.40	—
其他	36.96	39.85	8.48	7.93	23.36	44.37

资料来源：宏源证券、上市公司公告。

从各业务的占比情况可以看出，索道业务和门票收入是景区类上市企业收入的两大主要来源，这与全国景区类上市企业有着比较大的趋同度。但值得注意的是，这几家代表性的上市公司同时还拥有自己的特色业务。宋城股份和丽江旅游的演艺业务营收占比50%左右，而且这部分业务还具有较高的毛利率，提高了公司的盈利能力。

对于景区类企业来说，传统的门票收入和索道收入虽然能给企业带来相对稳定的收入，但由于旅游市场的竞争日趋激烈，如何改变业务单一经营，多元化自己的业务，为企业带来新的增长点是景区类企业迫切需要解决的问题。同时，减少公司对单一业务的依赖，对于平衡上市企业的收入，抵抗不可控风险也是至关重要的。

从两年的对比数据来看，除丽江旅游新增印象旅游业务给公司的各业务占比结构带来比较明显的影响之外，其他各家上市企业主营业务的占比非常稳定。这体现了这几家盈利能力较强的上市企业稳健的经营风格和稳定的利润来源，主打优势业务为企业带来了稳定的业绩增长。

（三）旅游饭店类上市企业

1. 净资产盈利能力高于全国平均水平

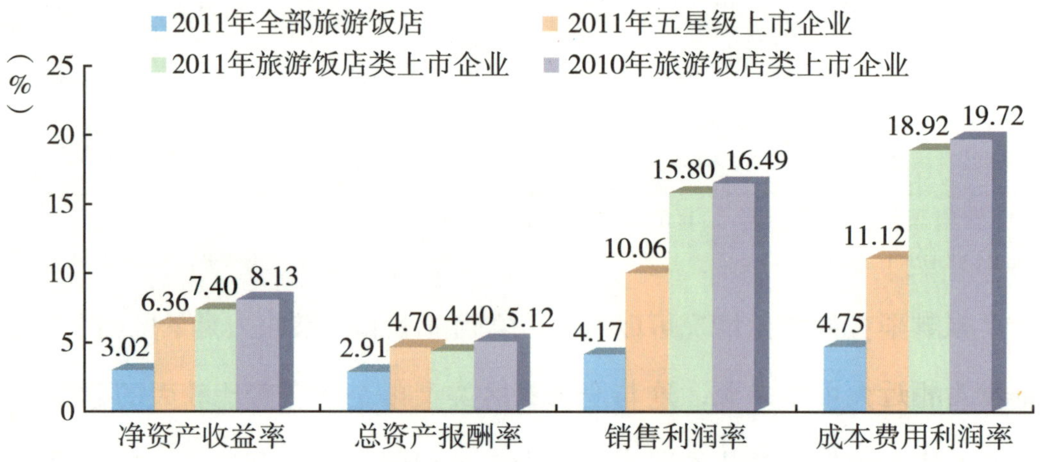

图 5 旅游饭店类上市企业盈利能力

资料来源：宏源证券、国家旅游局、上市公司公告。

表 14 旅游饭店类上市旅游企业盈利能力

	净资产收益率（%）		总资产报酬率（%）		销售利润率（%）		成本费用利润率（%）	
年 份	2011	2010	2011	2010	2011	2010	2011	2010
上市企业平均	7.40	8.13	4.40	5.12	15.80	16.49	18.92	19.72
新都酒店	0.96	1.44	2.88	2.67	2.75	−11.82	2.51	−11.03
东方宾馆	3.43	1.11	3.63	1.35	9.80	4.30	11.57	4.76

续表

	净资产收益率（%）		总资产报酬率（%）		销售利润率（%）		成本费用利润率（%）	
年　份	2011	2010	2011	2010	2011	2010	2011	2010
华天酒店	8.12	10.14	5.42	6.18	11.27	8.48	13.23	9.89
金陵饭店	10.14	10.66	7.78	8.52	25.14	28.47	33.66	36.46
锦江股份	7.80	9.30	7.25	9.31	17.39	21.26	20.66	25.96

资料来源：宏源证券、上市公司公告。

上市企业基本以五星级饭店为主，其盈利能力明显高于全国旅游饭店类企业的平均水平，但与全国五星级饭店的净资产收益率（6.36%）、总资产报酬率（4.7%）、销售利润率（10.06%）、成本费用利润率（11.12%）都较为相近。可见，大部分非上市五星级饭店已满足上市标准，可积极鼓励其加快上市步伐。

从净资产收益率来看，旅游饭店类上市企业的收益水平虽然参差不齐，但相比景区类各上市企业之间的差异来看，其各家公司间的差别相对较小。同时，从上边的图表可以看出，旅游饭店类企业的净资产收益率水平并不高，即使是行业中水平最高的金陵饭店也只有10%左右，主要原因是旅游饭店业资产规模大而且以业主投资为主。

与2010年相比，旅游饭店类上市企业的盈利能力出现下滑，由于盈利能力下降是旅游饭店类上市企业的共性，因而从行业整体角度看，主要原因是2011年宏观经济增速减慢及通货膨胀。宏观经济环境的不景气使旅游饭店消费减少，而通货膨胀则增加了酒店的人工成本，且物业成本、水电气能源费用、原辅料持续涨价也挤压了企业利润空间，给旅游饭店经营带来巨大的成本压力。可以看到，旅游饭店类上市企业的盈利能力对宏观经济状况有比较高的敏感度。

2. 地产业务拉低存货周转率

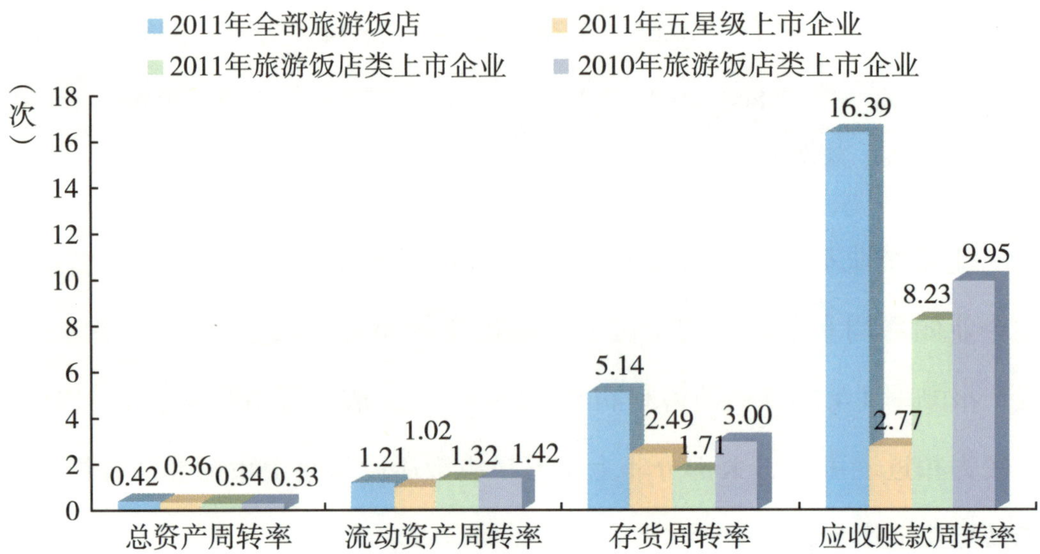

图6　旅游饭店类上市企业营运能力

资料来源：宏源证券、国家旅游局、上市公司公告。

表15　旅游饭店类上市企业营运能力

	总资产周转率（次）		流动资产周转率（次）		存货周转率（次）		应收账款周转率（次）	
年　份	2011	2010	2011	2010	2011	2010	2011	2010
上市企业平均	0.34	0.33	1.32	1.42	1.71	3.00	8.23	9.95
新都酒店	0.14	0.14	0.57	0.66	28.13	25.06	6.06	6.12
东方宾馆	0.43	0.35	2.64	3.38	23.35	26.96	29.41	20.12

续表

	总资产周转率（次）		流动资产周转率（次）		存货周转率（次）		应收账款周转率（次）	
年　份	2011	2010	2011	2010	2011	2010	2011	2010
华天酒店	0.31	0.32	1.23	1.28	1.52	2.50	30.04	26.20
金陵饭店	0.33	0.31	0.68	0.65	1.97	2.19	14.86	15.67
锦江股份	0.40	0.41	2.66	2.53	10.63	17.58	57.98	69.29

资料来源：宏源证券、上市公司公告。

在营运能力方面，从流动资产周转率来看，旅游饭店类上市企业的周转率略高于全国平均水平，而应收账款周转率方面，旅游饭店类上市企业明显低于全国平均水平，这和旅游行业整体表现出来的特点比较接近。从总资产周转率和存货周转率来看，这两项指标和行业平均存在一定的差异。存货周转率方面，上市企业的水平要远高于所有企业的平均水平，但低于旅游饭店业平均水平。

具体到各家旅游饭店上市企业的情况来看，这一子行业中较低的存货周转率主要是由于行业内巨大的分化带来的：华天酒店和金陵饭店过低的存货周转率拉低了整个子行业的平均水平。较低的存货周转率往往与公司存货的突然增加有关，比如华天酒店在 2011 年房地产开发成本及开发产品的增加使公司的存货较前一年度增加 123.58%，进而导致公司在 2011 年度存货周转率低于旅游饭店行业的平均水平。

从不同年份的比较来看，除总资产周转率基本保持不变之外，2011 年上市企业的周转效率都有小幅下降，这与分析盈利能力时提到的宏观环境带来的需求下降有一定关系，上市企业资金流的减少以及成本的上升降低了企业资金运转的效率。

3. 上市企业显示出更好的流动性

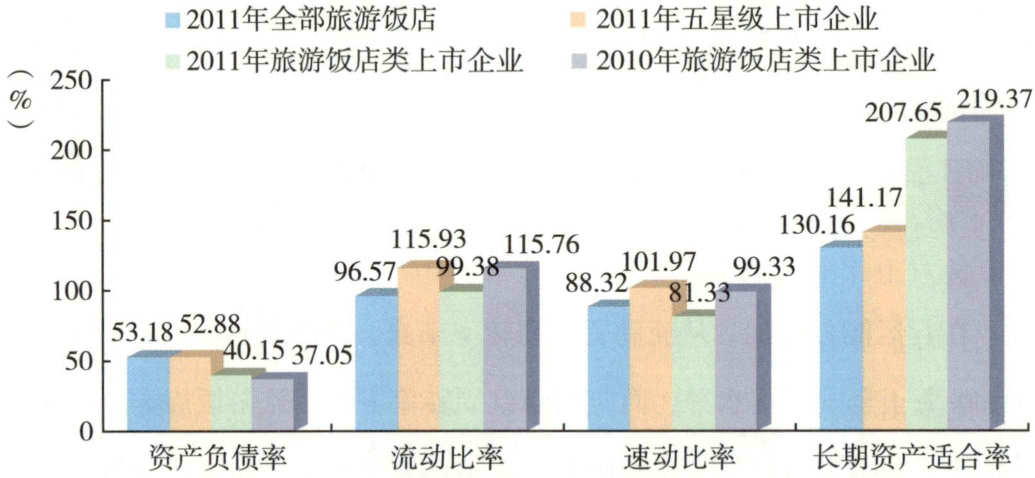

图 7　旅游饭店类上市企业偿债能力

资料来源：宏源证券、国家旅游局、上市公司公告。

表 16　旅游饭店类上市企业偿债能力

	资产负债率（%）		流动比率（%）		速动比率（%）		长期资产适合率（%）	
年　份	2011	2010	2011	2010	2011	2010	2011	2010
上市企业平均	40.51	37.05	99.38	115.76	81.33	99.33	207.65	219.37
新都酒店	43.04	44.78	210.30	230.47	207.70	228.07	157.06	158.03
东方宾馆	17.40	18.07	173.38	117.10	164.79	110.58	149.74	148.00
华天酒店	68.59	65.93	65.95	82.01	35.47	61.42	132.82	137.00
金陵饭店	26.63	18.21	202.91	302.36	171.67	254.00	590.79	477.54
锦江股份	19.15	21.30	95.74	99.81	92.27	97.17	284.96	329.41

资料来源：宏源证券、上市公司公告。

在偿债能力方面，与一般企业相比，上市企业的资产负债率低，流动比率高，长期资产适合率高，速动比率低，这一现象的出现主要是由于在 2011 年，华天酒店、金陵饭店等上市企业存货大量增加造成的。

从各家旅游饭店的速动比率来看，大多数上市企业的速动比率维持在比较正常的水平，华天酒店的速动比率远低于行业平均水平，是由于公司在 2011 年应付房地产工程款增加而导致应付账款大量增加和公司因业务扩张需要大幅增加短期借款所致。

各家上市企业 2011 年流动比率和速动比率都比上年普遍下降，显示了上市企业在短期偿债能力上有一定幅度的下降。其中，流动比率和速动比率出现较大下降的华天酒店是因为公司增加 3 亿元的短期借款导致的。

4. 旅游饭店类上市企业增速快于全国均值

图 8　旅游饭店类上市企业增长能力

资料来源：宏源证券、国家旅游局、上市公司公告。

表 17　旅游饭店类上市企业增长能力

	销售增长率（%）		资本积累率（%）		总资产增长率（%）	
年　份	2011	2010	2011	2010	2011	2010
上市企业平均	9.47	56.66	1.23	8.75	7.10	14.77
新都酒店	1.37	15.40	0.97	1.45	–2.12	5.57
东方宾馆	15.88	21.32	–2.00	–1.36	–2.81	–8.82
华天酒店	13.93	8.11	8.46	7.99	20.99	16.55
金陵饭店	36.13	16.36	7.84	11.26	30.73	21.17
锦江股份	–0.40	11.92	–7.59	–21.85	–9.95	–26.37

资料来源：宏源证券、上市公司公告。

从增长能力来看，旅游饭店上市企业除总资产增长率略高于全行业平均水平外，销售增长率和资本积累率均低于旅游饭店行业的平均水平，上市企业整体的销售增长率在 2011 年出现比较明显的下降，这一现象的主要原因是在后世博时代，高星级饭店、尤其是地处上海的高星级饭店经营收入在 2010 年世博会刺激下大幅冲高转而在 2011 年自然回落，加上宏观经济带来的需求下降以及成本上升的结果。

从各上市企业的总资产增长率来看，各公司的分化也比较大，数值为正的基本都超过了 10%，而其他三家为负值。从公司的业务来看，总资产增长率较高的公司往往采取了扩张业务、加快开店的经营策略，因而总资产上升速度比较快。可见在旅游饭店行业，总资产增加的快慢程度与公司采取的策略有很大的关系。

金陵饭店销售增长率大幅提高的原因是，本期合并财务报表包括了控股子公司——南京金陵酒店管理有限公司2011年1~12月的财务报表，而2010年度合并财务报表中仅包括其2010年12月的财务报表。

5. 上市企业平均出租率、房价均高于全国均值

表18　旅游饭店类上市企业客房出租率与平均房价

		金陵饭店	华天酒店	东方宾馆	锦江股份	首旅（民族）	首旅（京伦）	全国平均
2011	客房出租率（%）	78.70	63.39	64.22	61.73	74.80	81.94	61.49
	平均房价（元）	870.14	615.23	667.71	655.94	676.42	527.89	321.50
2010	客房出租率（%）	79.44	67.97	60.00	70.50	70.05	77.81	60.98
	平均房价（元）	659.92	539.47	648.30	770.10	635.77	499.38	312.14

资料来源：宏源证券、国家旅游局。

从上表中可以看到，上市企业的平均客房出租率高于全国平均水平，但与全国五星级饭店平均客房出租率（60.75%）、平均房价（655元）相比基本持平。其中，首旅股份旗下的两家饭店以及金陵饭店的平均客房出租率达到70%以上，对比之前的盈利能力指标可以看到，首旅股份和金陵饭店的盈利能力在上市公司里也是名列前茅的，较高的客房出租率提高了企业资源利用的效率，为企业盈利提供了重要保障。从平均房价来看，各家上市企业的平均房价远高于全国旅游饭店类企业的平均水平。其中，金陵饭店的平均房价遥遥领先，高出其他上市公司200元左右。2011年，金陵饭店销售增长率与净资产收益率均名列行业第一名，可见，对于旅游

饭店类上市公司，平均客房出租率与平均房价是衡量公司盈利能力的重要指标，一般平均客房出租率越高，平均房价越高的企业在盈利能力方面的表现越突出。

相比 2010 年，从平均客房出租率来看，多数上市企业都有一定程度的下降，从平均房价来看，大多数上市企业也出现下降趋势，这说明宏观环境对于旅游饭店类上市企业的影响比较明显，平均出租率的降低使得上市企业的资源不能充分利用，相应地减少了企业的收入，进而带来了上市企业盈利能力的下降。

（四）旅行社类上市企业

1. 多业态经营、上市旅行社盈利能力较强

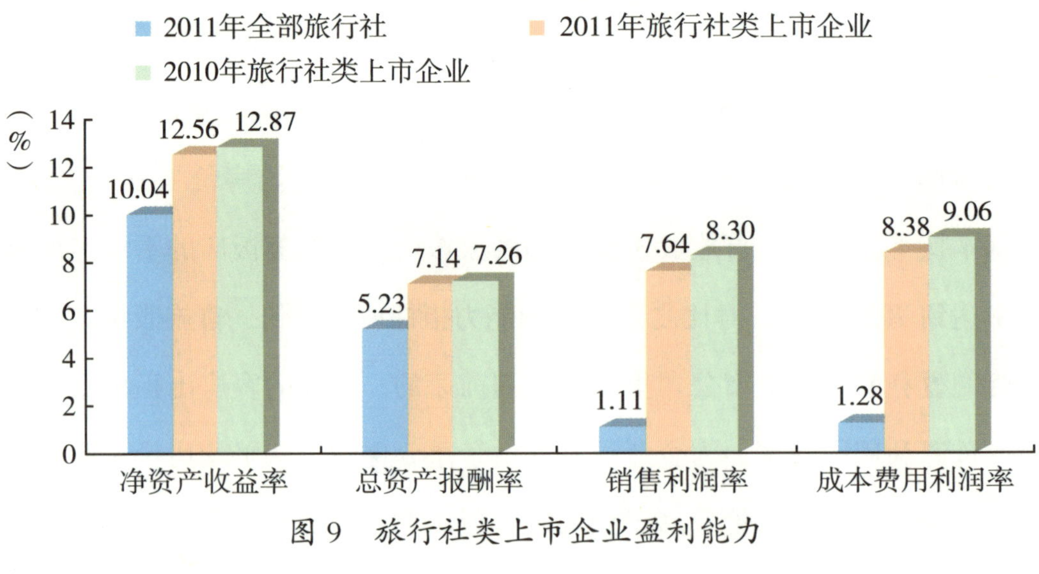

图 9　旅行社类上市企业盈利能力

资料来源：宏源证券、国家旅游局、上市公司公告。

表 19　旅行社类上市企业盈利能力

	净资产收益率（%）		总资产报酬率（%）		销售利润率（%）		成本费用利润率（%）	
年　份	2011	2010	2011	2010	2011	2010	2011	2010
上市企业平均	12.56	12.87	7.14	7.26	7.64	8.30	8.38	9.06
中 青 旅	10.96	11.87	8.54	8.25	7.58	8.41	8.43	9.22
中国国旅	15.60	10.49	14.80	11.31	8.52	7.39	9.32	7.96
国旅联合	−11.28	3.86	−5.91	3.93	−38.05	−4.47	−33.05	−4.14
首旅股份	9.56	18.71	8.87	16.81	6.21	12.86	6.69	14.95

资料来源：宏源证券、上市公司公告。

从盈利能力来看，旅行社类上市企业在四个指标上都高于旅行社行业的平均水平，体现了旅行社类上市企业良好的盈利能力。旅行社类上市企业只有4家，通过观察这4家旅游上市企业的数据可以发现，中青旅和中国国旅的平均利润率远高于行业平均水平，而由于国旅联合在2011年亏损，所以在数据上拖累行业的平均水平。首旅股份在2010年的盈利水平较高，但在2011年出现比较明显的下滑，主要原因是南山公司门票分成造成的。如果剔除门票分成因素的影响，南山公司营业收入和利润总额同比分别增长16.4%和16.5%，呈现持续高速增长的发展态势。

从上市企业收益率来看，中青旅的收益率比较稳定，变化不明显。中国国旅的盈利能力出现比较明显的上升，主要是因为三亚免税店的销售状况良好，同时由于这部分业务的毛利率远高于传统旅游业务，因而总体上提升了公司的盈利指标。国旅联合由于其几家子公司经营上出现较大的问题，同时其持股 45% 的颐尚 · 重庆出现大额亏损，所以公司 2011 年的业绩出现亏损，各项盈利指标不佳。

2. 总资产规模较大，旅行社类上市企业资产周转率较低

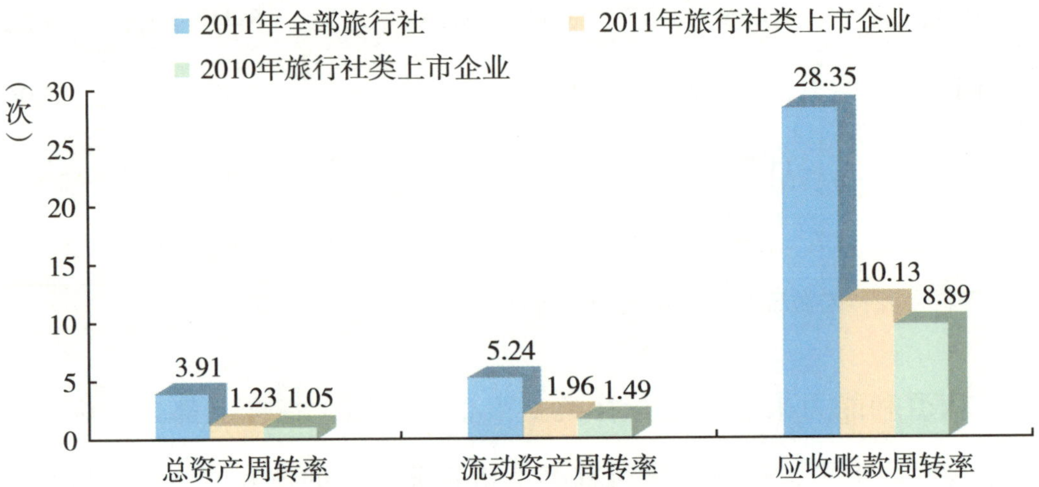

图 10　旅行社类上市企业营运能力

资料来源：宏源证券、国家旅游局、上市公司公告。

从营运能力来看，在总资产周转率、流动资产周转率以及应收账款周转率方面，上市企业的周转速度都要慢于同类企业的平均水平，主要由于上市企业同时涉足景区运营、免税品销售等其他业态，其总资产规模较大，而其他旅行社大部分属于轻资产类型的企业，所以上市企业比较高的总资产水平拉低了公司的资金周转效率。

表20 旅行社类上市企业营运能力

	总资产周转率（次）		流动资产周转率（次）		存货周转率（次）		应收账款周转率（次）	
年 份	2011	2010	2011	2010	2011	2010	2011	2010
上市企业平均	1.23	1.05	1.96	1.49	6.86	5.42	10.73	8.89
中青旅	1.04	0.92	1.75	1.56	4.09	3.06	11.29	11.24
中国国旅	1.79	1.60	2.28	1.89	13.54	13.20	17.14	16.05
国旅联合	0.14	0.19	0.40	0.47	4.39	6.11	19.66	23.87
首旅股份	1.23	1.21	5.53	7.92	88.11	96.52	98.31	86.07

资料来源：宏源证券、上市公司公告。

从不同年份的数据比较来看，除国旅联合由于公司本身的经营问题周转效率出现明显下降外，中青旅和中国国旅的各项周转指标都有一定程度的提高，公司的资金使用效率更高，企业盈利能力逐渐提升。国旅联合由于子公司竞争加剧而导致收入大幅减少以及经营管理不善带来的开源节流措施不到位等问题，2011年经营效果不佳，资金周转率出现明显下降。首旅股份的存货周转率和应收账款周转率都很高，主要原因是企业的应收账款和存货占总资产的比率本来就很低，因而导致这两项比率数值很高。

3. 旅行社类上市企业资产负债率较低、流动比率较高

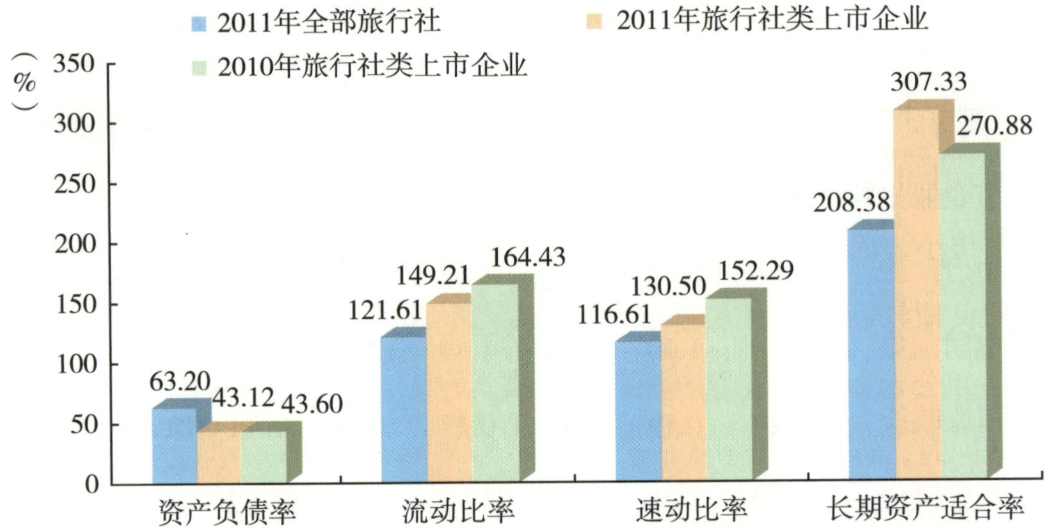

图 11 旅行社类上市企业偿债能力

资料来源：宏源证券、国家旅游局、上市公司公告。

表 21 旅行社类上市企业偿债能力

	资产负债率（%）		流动比率（%）		速动比率（%）		长期资产适合率（%）	
年 份	2011	2010	2011	2010	2011	2010	2011	2010
上市企业平均	43.12	43.60	149.21	164.43	130.50	152.09	307.33	270.88
中 青 旅	50.81	57.49	115.13	122.92	78.55	78.04	286.11	235.98
中国国旅	33.08	30.39	222.31	278.83	187.06	248.84	692.93	634.14
国旅联合	51.07	42.37	117.91	127.08	115.39	123.37	158.61	156.95
首旅股份	44.37	33.83	96.98	60.48	93.07	57.49	145.06	129.46

资料来源：宏源证券、上市公司公告。

从企业偿债能力指标来看，旅行社类上市企业资产负债率水平较低，流动比率、速动比率及长期资产适合率则高于旅行社类企业平均水平。从上市企业的具体情况来看，除首旅股份外其他三家公司的指标比较均衡，在资本结构、短期偿债能力和企业资源配置方面都比较健康。在偿债能力方面，上市企业的变化不大，总的来看短期偿债能力有小幅下降，但由于幅度很小，因而对企业的偿债能力几乎没有影响。首旅股份由于 2010 年短期负债较高，所以流动比率和速动比率数值都远低于正常水平，随着 2011 年公司短期负债大幅下降，公司的流动比率和速动比率有明显提升。与此同时，首旅股份的资产负债率在 2011 年上升 10%，公司在负债的结构上进行调整，大量增加长期负债，缩减短期负债。

4. 多业态发展推动上市旅行社高增长

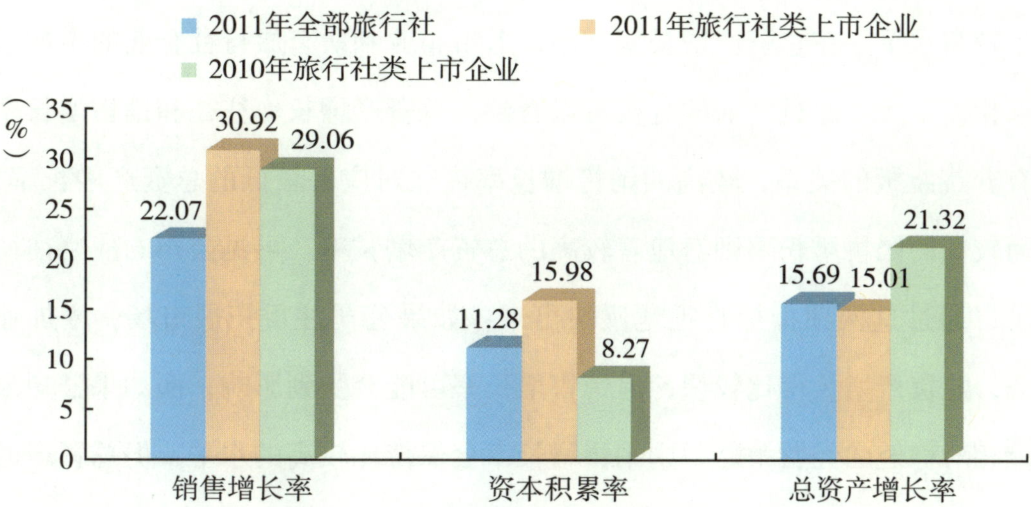

图 12　旅行社类上市企业增长能力

资料来源：宏源证券、国家旅游局、上市公司公告。

表 22　旅行社类上市企业增长能力

	销售增长率（%）		资本积累率（%）		总资产增长率（%）	
年　份	2011	2010	2011	2010	2011	2010
上市企业平均	30.92	29.06	15.98	8.27	15.01	21.32
中 青 旅	38.42	–1.73	9.59	8.33	12.30	34.55
中国国旅	32.13	58.42	14.02	10.74	18.70	17.86
国旅联合	–19.70	1.66	–10.77	3.94	10.40	3.14
首旅股份	10.23	39.73	–1.21	5.48	15.50	1.32

资料来源：宏源证券、上市公司公告。

从增长能力来看，旅行社类上市企业在销售增长率和资本积累率方面优势明显，结合具体的上市企业来看，中青旅和中国国旅的销售增长率处于较高水平。在总资产增长率方面，上市企业和所有旅行社企业的平均水平相差不大。通过之前的分析可以看到，总资产增长率往往和销售增长率有着跷跷板的关系，较高的销售增长率往往对应着较低的总资产增长率，而较低的销售增长率则对应着较高的总资产增长率。可见公司的战略往往可以通过这两项指标直观地反映出来：如果公司注重拓展市场、增加业务，总资产增长得比较快，但销售增长率可能会受到影响；而如果公司采取相对稳健的经营策略，则销售增长率会保持比较高的水平，但总资产的增长可能要慢一些。

中青旅在 2010 年销售增长率为负，而 2011 年销售增长率达到 38.42%，变化较大。主要原因在于公司的房地产销售业务，2010 年公司大部分业务的销售收入实现了增长，但由于房地产销售收入下降94.39%，导致公司营业收入同比下降。而2011年，公司的房地产销售业务同比增长了1010.37%，使公司销售收入大幅增长。可见，中青旅的房地产业务销售情况的大幅变动是影响公司近两年来营业收入变化的重要原因。

国旅联合的销售收入在2011年出现较大幅度的下滑，主要是由于公司持股的颐尚·重庆公司出现大额亏损。同时，由于子公司宜昌三峡金山船务有限公司所在地的高速公路和高速铁路的开通，公司的高速客船业务收入大幅下滑，这在一定程度上也影响了企业的营业收入。相比而言，首旅股份在2011年的销售增长率提高明显，但总资产增长率却较慢，说明公司的战略比较稳健，侧重提升已有业务的盈利能力。

5. 旅行社类上市企业经营毛利率显著高于全国均值

表23　2011年旅行社类上市企业业务占比

		入境旅游收入比率（%）	国内旅游收入比率（%）	出境旅游收入比率（%）
2011	全国旅行社平均	9.22	62.72	28.06
	中青旅	21.49	31.76	46.75
	中国国旅	18.07	36.76	45.17
2010	中青旅	16.29	31.17	52.53
	中国国旅	12.31	38.06	49.63

资料来源：宏源证券、上市公司公告。

表 24 2011 年旅行社类上市企业业务毛利率

		自联入境旅游收入毛利率（%）	国内旅游收入毛利率（%）	出境旅游收入毛利率（%）
2011	全国旅行社平均	7.93	6.59	5.41
	中 青 旅	10.85	7.55	7.52
	中国国旅	12.56	5.81	6.89
2010	中 青 旅	10.32	8.25	8.04
	中国国旅	15.12	6.40	7.52

资料来源：宏源证券、上市公司公告。

对比两家旅行社类上市企业中青旅和中国国旅财务数据可以看出，全国旅行社业务收入主要集中在国内游，而上市企业出境旅游的占比更高。从毛利率水平来看，中青旅和中国国旅的各类旅游业务毛利率都高于全国平均水平。入境旅游的毛利率水平是最高的，但入境游业务占比是最低的。随着国家不断鼓励入境旅游政策的出台，如何抓住入境旅游这块业务是企业提高总体盈利水平的重要方面。

另外，我们认为中青旅和中国国旅的盈利能力远高于同类企业，不仅是因为两家企业在出入境旅游和国内旅游业务方面有高毛利率，两家企业其他的业务，如中青旅的乌镇项目和中国国旅的免税业务，对公司整体的盈利水平贡献是非常大的。传统的旅行社业务盈利能力非常有限，远低于景区类上市企业。所以说，这两家上市公司之所以在行业内处于领先地位，很重要的一点是两家公司除传统的旅行社业务外，都开拓出盈利能力更强的新业务，这是值得其他旅行社类上市企业学习的。

与 2010 年相比，2011 年中青旅和中国国旅的入境游收入占比都有所上升，而出境游收入的比率则出现下降。参考入境游和出境游的毛利率可以发现，两家上市企业的入境游毛利率水平均高于出境游，也就是说在旅行社业务方面，两家上市企业更加关注业务的盈利能力，业务重心在向盈利能力强的方面转移。

（五）其他类上市企业

在旅游行业，还有一些主营业务种类不同于上述传统业务的上市公司。世纪游轮的业务主要由邮轮运营业务和旅行社业务组成，两种业务收入的占比分别为 62.49% 和 37.5%，由于邮轮业务 34.76% 的毛利率远高于旅行社 7.21% 的毛利率，所以公司未来的发展战略着重在中高端的邮轮旅游上。华侨城的主营业务收入中旅游业务占到了 36%，公司的北京欢乐谷项目是旅游行业中比较有发展潜力的主题公园类项目，而且公司计划投资文化演艺，可以看到，华侨城投资的旅游产业多属于新型产业，未来发展潜力巨大，值得进一步关注。腾邦国际的主营业务是机票代售和酒店代理，区别于旅游行业传统的子行业，随着在线旅游业务的发展，公司的业务收入有望进一步提升。九龙山在 2011 年剥离了之前大部分的经营业务，将大部分资产全部投资于九龙山旅游度假区。公司 2011 年的收入中，房地产收入占到了 95%，随着公司业务的全面转变，公司有望转变成为景区类上市企业。云南旅游的主营业务收入逐渐转变为商品房销售，2011 年该项业务收入占比达到 57.01%，公司的性质不再是传统的景区类上市企业，因而把公司归为其他类旅游企业。西安旅游的地产业务占比超过了 50%，公司未来的发展方向将以品牌连锁酒店、旅行社、商业地产开发租赁和旅游景区度假开发为主，公司有望转变为综合类旅游企业。

1. 盈利能力

表 25　其他类上市企业盈利能力

	净资产收益率（%）		总资产报酬率（%）		销售利润率（%）		成本费用利润率（%）	
年　份	2011	2010	2011	2010	2011	2010	2011	2010
上市企业平均	15.46	19.20	5.09	6.43	23.89	24.19	37.26	37.94
华侨城 A	21.54	25.65	8.30	11.61	24.96	24.82	40.12	40.09
腾邦国际	8.79	28.54	8.10	23.64	36.61	55.22	62.87	126.95
云南旅游	2.98	–1.62	3.49	1.21	15.45	5.57	20.39	6.92
世纪游轮	11.79	26.17	10.73	19.47	14.57	16.21	17.54	19.89
九 龙 山	4.20	0.62	2.86	1.00	23.19	34.4	31.15	34.93
西安旅游	6.48	6.74	4.45	4.12	4.01	3.52	4.40	3.76

资料来源：宏源证券、上市公司公告。

在 2011 年，其他类上市企业总体盈利能力较前一年略有下降。由于其他类上市企业的主营业务相差较大，所以各公司跨年度体现出来的特点存在较大的差异。腾邦国际的盈利能力在 2011 年有明显下滑，一方面是异地营销服务中心的建设、人工薪酬及福利的增加、资产摊销以及技术研发改造升级等方面投入明显加大，导致成本快速上升；另一方面，公司业务业绩释放具有滞后性，需要等待一段时间才能显现。云南旅游的盈利能力在 2011 年有所改善，主要得益于企业世博园项目运营的改善，营业收入和利润大幅增加。世纪游轮的净资产收益率和总资产报酬率也出现较大下滑，公司 2011 年净利润同比增长 15.59%，公司在 2011 年完成 IPO，因而使所有者权益和总资产大幅增加，净资产收益率和总资产收益率下降明显。九龙山由于在 2011 年大量销售地产，净利润大幅增加，因而提升了净资产收益率和总资产报酬率。

2. 营运能力

表 26　其他类上市企业营运能力

	总资产周转率（次）		流动资产周转率（次）		存货周转率（次）		应收账款周转率（次）	
年　份	2011	2010	2011	2010	2011	2010	2011	2010
上市企业平均	0.28	0.34	0.44	0.58	0.28	0.44	25.83	36.02
华侨城 A	0.31	0.44	0.50	0.80	0.32	0.59	77.49	94.09
腾邦国际	0.23	0.37	0.39	0.76	0.39	0.76	3.38	4.80
云南旅游	0.23	0.22	0.35	0.31	0.28	0.29	206.79	1155.5
世纪游轮	0.74	1.05	1.75	5.92	35.12	53.52	33.31	49.35
九 龙 山	0.14	0.003	0.28	0.01	0.27	0.01	494.51	14.13
西安旅游	0.95	0.63	2.30	1.28	2.50	1.51	38.70	31.22

资料来源：宏源证券、上市公司公告。

其他类上市企业的资金周转率在 2011 年有所下降，因而上市企业盈利能力的下降与资金利用效率的下降有一定的关系。具体来看，九龙山由于公司对传统业务进行剥离，大量销售地产，因而营业收入和营业支出上升明显，公司的周转率有很大改善。世纪游轮的周转率出现较大下降，首先公司完成了 IPO，总资产大量增加，同时，货币资金增加 1411.72%，主要是首次公开发行 A 股 1500 万股收到募集资金所致；应收账款增加 154.27%，主要是业务规模扩大，部分旅行社未付款所致；存货增加

186.58%，主要是期末结存较大所致。这些项目的增长速度远高于公司营业收入和成本的增速，因而使企业营运指标降低。

3. 偿债能力

表 27　其他类上市企业偿债能力

	资产负债率（%）		流动比率（%）		速动比率（%）		长期资产适合率（%）	
年　份	2011	2010	2011	2010	2011	2010	2011	2010
上市企业平均	67.06	66.49	1.64	1.45	1.58	1.3	312.29	250.02
华侨城 A	71.17	69.69	1.62	1.45	0.34	0.46	305.11	244.38
腾邦国际	9.60	33.46	6.99	1.38	6.99	1.38	599.06	199.22
云南旅游	22.75	29.91	3.15	2.49	0.86	0.79	319.42	306.58
世纪游轮	2.85	44.02	19.11	0.48	18.52	0.43	285.53	89.55
九 龙 山	36.94	37.30	1.11	1.56	0.45	0.76	948.71	1358.8
西安旅游	34.44	57.00	0.78	0.89	0.47	0.24	111.84	108.86

资料来源：宏源证券、上市公司公告。

2011 年，其他类上市企业的资产负债率变化不大，短期偿债能力有明显改善。腾邦国际和世纪游轮由于完成 IPO，所有者权益大幅上升，因而资产负债率降低很快。同时公司募集到的资金有一部分用来补充短期流动性，因而这两家上市企业的短期偿债能力得到很大提升。西安旅游由于支付“西旅国际中心”项目工程款和项目房屋部分预售购房款结转收入，因而负债项目大幅降低，资产负债率相应降低，速动比率上升。同时，由于公司的存货大量结转为固定资产，因而公司的流动比率有所下降。

4. 增长能力

表 28　其他类上市旅游企业增长能力

	销售增长率（%）		资本积累率（%）		总资产增长率（%）	
年　份	2011	2010	2011	2010	2011	2010
上市企业平均	3.43	55.07	25.24	21.25	27.41	48.57
华侨城 A	0.04	58.05	23.26	26.11	29.30	57.87
腾邦国际	6.29	37.20	200.30	33.32	121.37	16.52
云南旅游	–3.91	–33.67	3.02	–1.61	–6.52	–11.02
世纪游轮	27.19	37.93	301.78	4.58	131.51	19.04
九 龙 山	4088.53	–35.81	2.46	–9.16	2.84	–2.84
西安旅游	30.66	85.02	5.64	6.28	–31.48	4.29

资料来源：宏源证券、上市公司公告。

2011 年，上市企业总资产增长率和销售增长率下降明显。九龙山由于在 2011 年剥离了传统业务，同时大量出售房地产，因而销售增长率达到了 4088.53%。世纪游轮和腾邦国际完成 IPO，资本积累率和总资产增长率增加明显。同时，腾邦国际由于人力成本和技术成本的增加以及项目业绩释放的滞后性，营业收入虽然不断增加，但增速在放慢。云南旅游随着世博园项目运营情况的改善，销售增长率逐渐好转。由于旅游综合业务毛利率较低，华侨城 A 在 2011 年主动进行产品调整，致使业务收入同比下降 32.96%，因而影响了公司整体销售增长率。西安旅游由于在 2010 年增加了房地产业务，所以销售增长率达到 85.02%；在 2011 年，公司的房地产销售收入依然保持 351.03% 的高增速，因而虽然公司的旅游服务业销售收入同比下降 30.4%，但公司整体仍然保持了 30.66% 的销售增长率。同时，西安旅游在 2011 年大量偿付短期负债和应付款，带来公司总资产的减少。

三、总体分析与结论

从上市企业的构成来看，我国旅游上市企业多为国有企业性质的景区类大型企业，但目前其经营业态较为单一，主要以门票、索道客运为主要收入来源，虽盈利能力较强，但长期来看或将面临增长瓶颈。同时，按照有关规定，待上市公司资产不可包括景区门票，待上市的景区也只能通过索道、酒店、餐饮等其他娱乐性消费增厚公司利润，以达到上市标准。因此，进一步丰富经营业态，提振景区人均消费，改变单一门票经济状态，成为提高景区企业竞争力、实现健康可持续发展的重要手段。

从 5 家已上市的旅游饭店类企业来看，经营业态主要包括星级饭店与经济型酒店的经营与管理，近年来经营较为稳健。旅游饭店类企业资本支出较大，资本市场开放的融资平台将助力其快速扩容。

旅行社行业内呈现企业数量多、规模小、集中度较低的特征，而上市旅行社企业仅有 4 家，其盈利能力显著高于同行水平，一方面是由于其经营的规模效应，另一方面也与其借助资本市场融资平台，积极参与景区开发、特许商品销售等多领域业态有关。

同时，旅游上市企业中也包括了经营长江旅游“流动的五星级饭店”的世纪游轮；经营票务代理及在线旅游的腾邦国际，其发展空间及盈利能力并不亚于传统旅游企业。

从跨年度上市企业的指标变化来看，上市企业的盈利能力在2011年总体有所提升，其中有资产注入和重组的上市公司盈利能力提升更加明显。周转率方面，上市公司的资金利用效率明显提升，较高的资金使用率为上市企业盈利能力的提升提供了保障。偿债能力方面，上市企业的短期偿债能力有小幅下降，主要原因是上市企业流动负债的增速较快。增长能力方面，上市企业的销售增长率和总资产增长率都有明显的下降。

总体来看，旅游上市企业的盈利能力、营运能力、偿债能力及经营数据都显示出优于全国均值的表现，主要得益于如下几方面：1. 部分上市企业拥有不可复制的一流景区资源或其他特许经营权；2. 上市公司多为大型企业，运营成本上拥有较强的市场溢价能力；3. 各级政府从项目、税收等方面给予较大的扶持力度；4. 资本市场融资平台开放，为上市企业的做强做大扫清资金障碍。

因此，加快国内旅游企业上市步伐必将对提升行业整体盈利能力、规范行业服务质量有积极的推动作用。对于经营传统旅游业务的非上市大型企业，应在增强主业盈利能力的同时，丰富经营业态、打破经营瓶颈、加强公司内部治理、加快对外合作步伐，提高饭店、景区等优质而沉淀资产的流动性，尽早地接轨资本市场，不但可以实现自身的跨越式发展，对于规范旅游行业服务质量、引领行业发展方向也有非常积极的推动作用。对于刚刚起步的行业内新业态公司，应多方论证探讨其商业模式在国内经济现状下的可行性，在资金、税收、市场准入等方便给予积极的支持，真正将旅游业培育成国民经济的战略性支柱产业和人民群众更加满意的现代服务业。

2011年度中国旅游企业财务信息报告

中国社会科学院财经战略研究院
国家旅游局规划财务司

2012年7月

反映2011年度全国旅游企业财务状况、经营成果的经济效益评价结果公布如下：

一、旅游企业基本概况

（一）旅游业态

在2011年度全国旅游行业财务信息汇编工作中，成功上报财务信息的旅游企业一共有27118家。

按旅游业态划分，旅行社16334家，占60.23%；旅游饭店8496家，占31.33%；旅游景区1767家，占6.52%；旅游集团47家，占0.17%，其他旅游企业474家，占1.75%（见图1）。其中：

——旅游饭店中，五星级饭店546家，占6.43%；四星级饭店1779家，占20.94%；三星级饭店3732家，占43.93%；二星级饭店1742家，

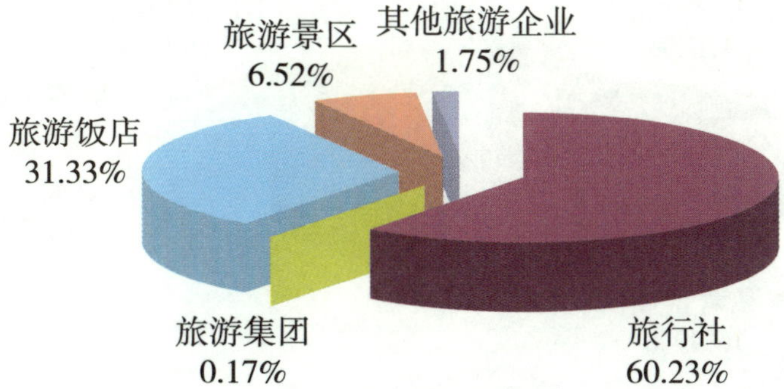

图1 按旅游业态分

占20.50%；一星级饭店75家，占0.88%；未评星级饭店622家，占7.32%。

——旅行社中，经营出境游旅行社1579家，占9.67%；经营非出境游旅行社14754家，占90.33%，信息不明旅行社1家。

——旅游景区中，5A级旅游景区63家，占3.57%；4A级旅游景区648家，占36.67%；3A级旅游景区499家，占28.24%；2A级旅游景区228家，占12.90%；1A级旅游景区23家，占1.30%；未评等级旅游景区306家，占17.32%。

（二）经济类型

按经济类型划分，国有控股企业5044家，占18.60%；集体企业1755家，占6.47%；联营企业452家，占1.67%；私营企业19252家，占70.99%；外商投资企业317家，占1.17%；港澳台资企业295家，占1.09%；其他类型企业3家，占0.01%。

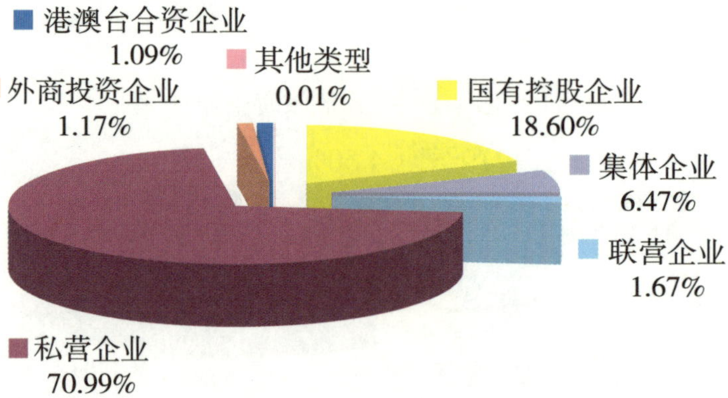

图 2　按经济类型分

（三）企业规模

按企业规模分，2011 年全国旅游企业中，大型企业 370 家，占 1.36%；中型企业 3820 家，占 14.09%；小型企业 17083 家，占 63%；规模不明企业 5845 家，占 21.55%。

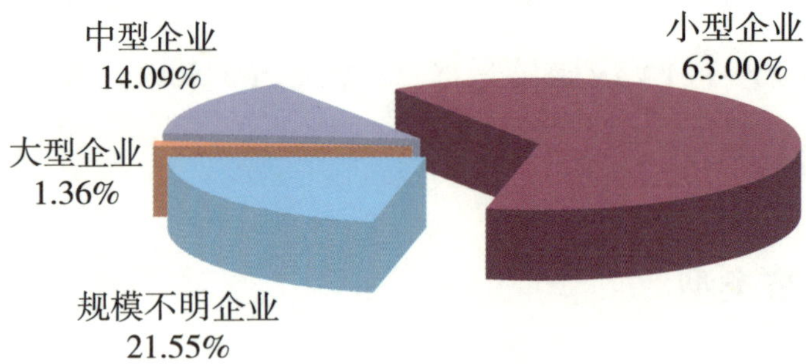

图 3　按企业规模分

（四）地域分布

按各省市、自治区、直辖市有效上报旅游企业数量排名，2011 年前十六位的依次是浙江 2394 家（8.83%），江苏 2185 家（8.06%），山东 1604 家（5.92%），上海 1477 家（5.45%），湖北 1379 家（5.09%），河南 1347 家（4.97%），广东 1219 家（4.50%），福建 1054 家（3.89%），四川 1052 家（3.88%），湖南 1047 家（3.86%），北京 1006 家（3.71%），云南 964 家（3.55%），河北 917 家（3.38%），内蒙古 882 家（3.25%），山西 862 家（3.18%），江西 842 家（3.11%）。

在区域结构方面，2011 年旅游企业资本主要集中在北京、上海等东部沿海地区。旅游企业资本所占比例位居前十位的分别是北京（10.64%）、广东（9.92%）、江苏（9.33%）、上海（8.65%）、浙江（7.87%）、山东（4.96%）、福建（4.32%）、四川（4.08%）、湖南（3.69%）、云南（3.55%）。与 2010 年相比，北京旅游企业实收资本净额依然占据全国首位，广东则位居其次，相对来说上海则下降至第四位。

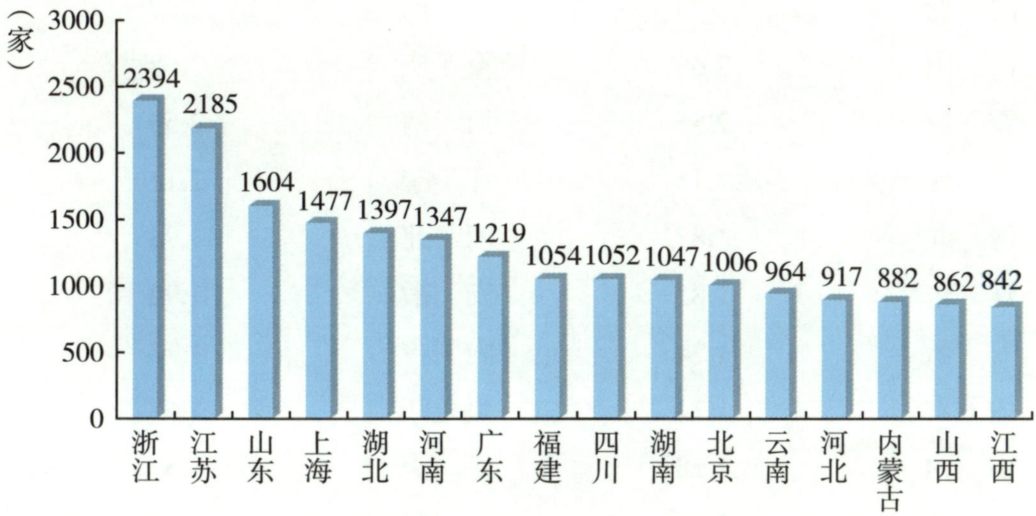

图 4　按地域分

表 1　2011 年旅游企业实收资本净额的区域分布

单位：%

区　域	旅游企业实收资本净额占全国实收资本净额比例（2011 年）	区　域	旅游企业实收资本净额占全国实收资本净额比例（2010 年）
北　京	10.64	北　京	10.94
广　东	9.92	上　海	9.89
江　苏	9.33	江　苏	9.23
上　海	8.65	浙　江	8.57
浙　江	7.87	广　东	7.47
山　东	4.96	山　东	4.59
福　建	4.32	湖　南	4.41
四　川	4.08	福　建	4.29
湖　南	3.69	湖　北	3.83
云　南	3.55	四　川	3.73
湖　北	3.34	云　南	3.51
陕　西	2.73	陕　西	2.79
河　南	2.69	重　庆	2.68
重　庆	2.55	河　南	2.59
广　西	2.15	辽　宁	2.11
河　北	1.87	河　北	1.93
辽　宁	1.82	安　徽	1.92
安　徽	1.74	内蒙古	1.74
内蒙古	1.74	黑龙江	1.68
山　西	1.58	海　南	1.57
天　津	1.46	新　疆	1.44

续表

区　域	旅游企业实收资本净额占全国实收资本净额比例（2011 年）	区　域	旅游企业实收资本净额占全国实收资本净额比例（2010 年）
江　西	1.44	天　津	1.33
海　南	1.39	吉　林	1.25
黑龙江	1.38	江　西	1.24
新　疆	1.32	山　西	1.18
吉　林	1.28	甘　肃	1.07
甘　肃	0.77	广　西	1.07
贵　州	0.75	贵　州	0.76
青　海	0.49	青　海	0.62
宁　夏	0.43	宁　夏	0.48
西　藏	0.08	西　藏	0.10

二、旅游企业资本结构情况

总体上看，2011 年旅游企业的市场集中度不高，但与 2010 年相比有所提高。在资本构成方面，旅游企业资本构成大体上保持不变，主要以法人资本和国家资本为主。在资本规模方面，旅游企业实收资本净额规模相对不大，但相比 2010 年全国旅游企业平均实收资本净额有所增长。从业态来看，旅游资本以旅游饭店为主，旅游景区资本投资所占比例则呈现小幅上升，旅游景点日益成为一个有吸引力的投资业态。

（一）旅游企业集中度

旅游企业集中度是反映旅游企业竞争程度的重要指标。从纳入编报范围的旅游企业看，2011 年全国旅游企业的集中度不高，旅游企业的市场集中度和资产集中度分别为 16.08%（CR8）和 17.86%（CR8）。除了旅游集团之外，旅游企业中的旅行社、旅游饭店和旅游景区的企业集中度均较低，这说明旅游企业是一个充分竞争型的产业。总体上，与 2010 年相比，无论是从旅游企业的市场集中度还是从资产集中度看，都有所提高。

1. 旅游企业市场集中度

2011 年全国旅游企业市场集中度（以前八家旅游企业的营业总收入所占比例为指标）为 16.08%，其中旅行社、旅游饭店、旅游景区的市场集中度分别为 12.80%、5.53% 和 15.27%，旅行社、旅游饭店、旅游景区三类业态的旅游企业市场集中度均较低，仅有旅游集团的市场集中度较高，达到 85.65%。总体上，与 2010 年相比，旅游企业的市场集中度有所上升。

2. 旅游企业资产集中度

旅游企业资产集中度是体现旅游企业资产规模集中程度的指标。2011 年全国旅游企业资产集中度（以前八家旅游企业的总资产所占比例为指标）为 17.86%，旅游企业资产集中度相对不高，其中旅行社、旅游饭店、旅游景区的资产集中度分别为 26.83%、5.88% 和 21.02%，旅游集团的资产集中度较高，为 77.34%，但是总体上，与 2010 年相比，旅游企业的资产集中度呈现上升趋势（2010 年为 10.98%）。

表 2　旅游企业市场集中度（以旅游企业营业总收入为衡量指标）

单位：%

年份		2010 年		2011 年	
企业类别		CR4	CR8	CR4	CR8
全国旅游企业		10.86	14.60	12.60	16.08
旅游企业	旅行社	13.21	17.25	8.77	12.80
	旅游饭店	1.59	2.76	4.11	5.53
	旅游集团	74.87	88.61	74.27	85.65
	旅游景区	19.98	25.80	9.52	15.27
	其他旅游企业	40.71	51.94	31.57	44.20

注：CR4 代表营业总收入前四家企业所占比例，CR8 代表营业总收入前八家企业所占比例。

表 3　旅游企业资产集中度（以旅游企业总资产为衡量指标）

单位：%

年份		2010 年		2011 年	
企业类别		CR4	CR8	CR4	CR8
全国旅游企业		7.73	10.98	14.45	17.86
旅游企业	旅行社	21.68	28.95	20.31	26.83
	旅游饭店	3.03	4.87	3.60	5.88
	旅游集团	56.10	73.43	64.19	77.34
	旅游景区	12.06	19.06	13.03	21.02
	其他旅游企业	0.81	0.89	21.24	31.98

注：CR4 代表企业总资产前四家旅游企业所占比例，CR8 代表企业总资产规模前八家旅游企业所占比例。

（二）旅游企业资本构成

从纳入编报范围的旅游企业资本构成来看，2011 年全国旅游企业资本主要以法人资本和国家资本为主，其所占比例分别为 46% 和 23%，个人资本和外商资本所占比例较低，分别为 17% 和 10%。与 2010 年相比，旅游企业的资本构成基本保持不变。

旅游业态方面，2011 年不同业态的旅游企业内部的资本构成也呈现一些不同的特征：

——旅游集团主要以国家资本为主，其所占比例为 48%。对于旅游集团来说，国家资本是其核心的控股资本。

——旅游饭店、旅游景区内部资本结构大致以法人资本为主，在这两个业态企业中，法人资本所占比例分别为 46%、50%。在各个业态之中，外商资本在旅游饭店中所占的比例最高，2011 年为 13.8%。

——旅行社主要以法人资本和个人资本为主，个人资本在旅行社内占据了较高的比例，其所占比例高达 39%。

在区域分布方面，2011 年各地旅游企业内部的资本结构也呈现出一些分布特征：

——各地区旅游企业资本构成大致以国家资本和法人资本为主。

——相对来说，西部和中部地区的旅游企业内部国家资本所占比例较高，比如西藏、河南、山东等地旅游企业的国家资本所占比例均位居资本类型中的第一位。

——对于外商资本来说，辽宁、福建、广东、广西、海南等地的外商资本所占比例最高，特别是辽宁地区的外商资本 2011 年达到 31%，外商资本所占比例上升幅度很大。

——对于个人资本来说，山西、内蒙古、江西、安徽等地的个人资本所占比例较高，均超过 30%。

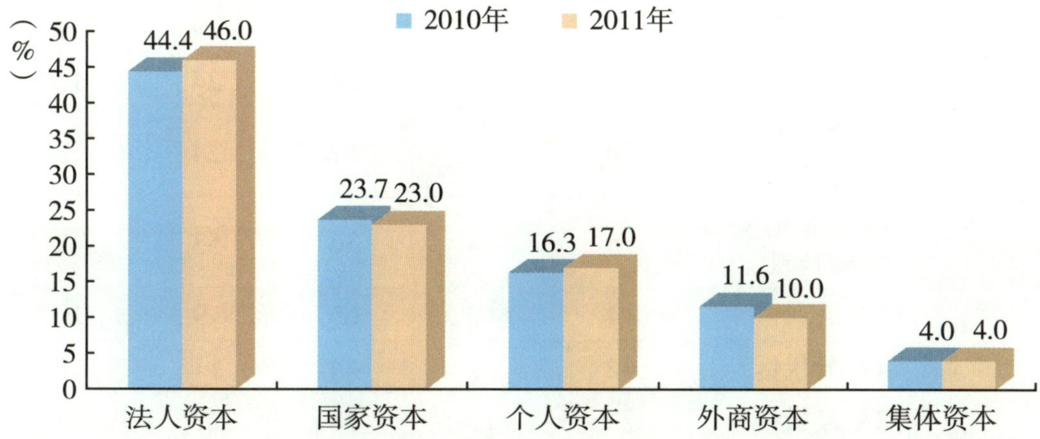

图 5　2010 ~ 2011 年全国旅游企业资本结构

表 4　2011 年旅游企业资本构成比例

单位：%

企　业　类　别		国家资本	集体资本	法人资本	个人资本	外商资本
旅游企业	旅游饭店	21	3	46	17	13
	旅行社	8	3	48	39	2
	旅游景区	25	6	50	12	7
	旅游集团	48	1	35	15	1
	其他旅游企业	16	4	48	19	13

续表

企业类别		国家资本	集体资本	法人资本	个人资本	外商资本
旅游饭店	五星级饭店	14	2	51	9	24
	四星级饭店	23	3	49	17	9
	三星级饭店	24	5	43	23	5
	二星级饭店	24	8	31	36	1
	一星级饭店	18	7	38	29	7
	未评星级饭店	31	3	24	24	18
旅行社	经营出境游旅行社	10	2	62	24	2
	经营非出境游旅行社	5	4	36	53	2
旅游景区	5A 级景区	14	2	65	9	10
	4A 级景区	32	7	44	11	6
	3A 级景区	25	12	38	22	3
	2A 级景区	14	4	48	26	9
	1A 级景区	30	1	36	14	20
	未评等级景区	15	3	62	7	12

表 5　2011 年按区域各地旅游企业资本构成比例

单位：%

区域	国家资本	集体资本	法人资本	个人资本	外商资本
北京	27	2	54	4	13
天津	22	4	58	10	6
河北	28	5	43	20	5
山西	32	7	26	33	2
内蒙古	10	5	48	32	5

续表

区　域	国家资本	集体资本	法人资本	个人资本	外商资本
辽　宁	27	3	26	13	31
吉　林	31	4	34	20	11
黑龙江	31	2	44	16	7
上　海	18	2	59	6	15
江　苏	26	7	41	19	8
浙　江	16	5	51	22	6
安　徽	14	2	45	38	1
福　建	8	2	48	22	19
江　西	30	5	32	30	4
山　东	43	5	33	13	6
河　南	38	8	36	16	3
湖　北	15	9	49	21	6
湖　南	17	4	50	25	4
广　东	10	3	43	24	21
广　西	27	2	36	15	21
海　南	11	1	54	15	19
重　庆	20	2	48	21	10
四　川	34	1	43	20	2
贵　州	25	5	41	27	1
云　南	21	5	55	17	3
陕　西	38	2	36	13	11
甘　肃	27	5	40	26	1
青　海	29	1	45	25	0
宁　夏	25	2	44	21	7
新　疆	31	2	54	12	1
西　藏	76	0	6	18	0

（三）旅游企业平均实收资本净额

从纳入编报范围的旅游企业来看，2011 年全国旅游企业平均实收资本净额规模相对不大，为 972.85 万元，但相比 2010 年中国旅游企业平均实收资本净额有所增长（2010 年旅游企业平均实收资本净额为 959.28 万元）。

其中，旅游集团企业的平均实收资本净额最大，为 41437.42 万元；其次是旅游景区企业，为 2998.26 万元。旅游饭店企业平均实收资本净额为 1928.84 万元，而旅行社平均实收资本净额仅为 104.16 万元，其他旅游企业为 2209.81 万元。

从旅游各业态分布来看，旅游企业吸纳的投资资本主要分布在旅游饭店中，2011 年旅游饭店的实收资本净额占全国旅游行业实收资本净额的比例高达 62.12%，其次是旅游景区，其吸纳的资本净额所占比例为 20.08%，旅游集团和旅行社吸纳的资本净额所占比例分别为 7.38% 和 6.45%。与 2010 年相比，旅游饭店、旅行社的实收资本净额所占比例有所下降，而旅游景区所占比例则呈现小幅上升，旅游景区日益成为一个有吸引力的投资业态。

表 6　2011 年全国旅游企业平均实收资本净额

单位：万元

企　业　类　别		企业平均实收资本净额
全国旅游企业		972.85
旅游企业	旅游饭店	1928.84
	旅行社	104.16
	旅游景区	2998.26
	旅游集团	41437.42
	其他旅游企业	2209.81

续表

企业类别		企业平均实收资本净额
旅游饭店	五星级饭店	9431.25
	四星级饭店	3167.24
	三星级饭店	1026.81
	二星级饭店	338.17
	一星级饭店	201.82
	未评星级饭店	1876.47
旅行社	经营出境游旅行社	509.68
	经营非出境游旅行社	60.76
旅游景区	5A 级景区	11397.20
	4A 级景区	4214.90
	3A 级景区	1356.24
	2A 级景区	922.86
	1A 级景区	878.61
	未评等级景区	3075.99

表 7　2011 年全国旅游企业实收资本净额所占比例

单位：%

企业类别		旅游企业实收资本净额占全国实收资本净额比例（2011 年）	旅游企业实收资本净额占全国实收资本净额比例（2010 年）
旅游企业	旅游饭店	62.12	65.12
	旅行社	6.45	7.67
	旅游景区	20.08	18.09
	旅游集团	7.38	5.66
	其他旅游企业	3.97	3.47

续表

企业类别		旅游企业实收资本净额占全国实收资本净额比例（2011 年）	旅游企业实收资本净额占全国实收资本净额比例（2010 年）
旅游饭店	五星级饭店	19.52	19.92
	四星级饭店	21.36	22.24
	三星级饭店	14.53	15.90
	二星级饭店	2.23	3.00
	一星级饭店	0.06	0.09
	未评星级饭店	4.42	3.95
旅行社	经营出境游旅行社	3.05	3.81
	经营非出境游旅行社	3.40	3.83
旅游景区	5A 级景区	2.72	2.00
	4A 级景区	10.35	8.78
	3A 级景区	2.57	3.37
	2A 级景区	0.80	1.00
	1A 级景区	0.08	0.07
	未评等级景区	3.57	2.80

三、旅游企业基本规模情况

总体上看，与 2010 年相比，旅游企业规模虽然较小，但是呈现快速增长的态势。从纳入编报范围的旅游企业来看，2011 年全国旅游企业总资产规模、固定资产规模、营业收入规模、利润规模及企业就业人数等指标均呈现增长态势，旅游企业规模正处于不断扩张的阶段。

（一）旅游企业资产规模

1. 旅游企业平均总资产

2011年纳入编报范围的全国旅游企业平均总资产为3621.74万元，相比2010年增加375.89万元（2010年为3245.85万元）。总体上，旅游企业的总资产规模呈现增长趋势。

其中，旅游集团的平均总资产最大，为406483.65万元，远远超过了旅游企业的平均水平；其次是旅游景区，其平均总资产为10716.51万元；旅游饭店紧随其后，其平均总资产为5805.57万元。而旅行社的企业总资产规模最小，仅为434.66万元；其他旅游企业平均总资产为7910.64万元。

——旅游景区和旅游饭店方面，随着旅游景区和旅游饭店等级的提升，旅游企业的总资产规模逐渐提升。五星级饭店和5A级旅游景区的总资产规模最大，其平均总资产分别为31673.23万元和53282.24万元。

——旅行社方面，经营出境游旅行社的旅游企业的平均总资产为2989.68万元，远远超过经营非出境游旅行社的161.24万元。

与2010年相比，旅游饭店企业总资产规模呈现增长态势，各类星级饭店的平均总资产均出现了不同程度的增加。

与2010年相比，各类A级旅游景区的平均总资产都有不同程度的增加，特别是5A级和4A级旅游景区，5A级旅游景区从2010年的42079.28万元增至 2011 年的 53282.00 万元，4A 级旅游景区从 2010 年的 12051.97 万元增至 2011 年的 14381.76 万元。值得一提的是，未评等级旅游景区的平均总资产也呈现较大的增长幅度，这从侧面反映出旅游景区的快速发展。

表 8　2011 年旅游企业平均总资产

单位：万元

企业类别		平均总资产（2011 年）	平均总资产（2010 年）
全国旅游企业		3621.74	3245.85
旅游企业	旅行社	434.66	369.80
	旅游饭店	5805.57	5472.14
	旅游集团	406483.65	348920.65
	旅游景区	10716.51	9026.38
	其他旅游企业	7910.64	6667.06
旅游饭店	五星级饭店	31673.24	30012.23
	四星级饭店	9449.23	8867.88
	三星级饭店	2657.90	2542.78
	二星级饭店	978.19	909.74
	一星级饭店	527.10	509.30
	未评星级饭店	5719.55	5165.79
旅行社	经营出境游旅行社	2989.68	2567.93
	经营非出境游旅行社	161.24	134.57
旅游景区	5A 级景区	53282.24	42079.28
	4A 级景区	14381.76	12051.97
	3A 级景区	3704.06	3045.09
	2A 级景区	2921.96	2375.72
	1A 级景区	3248.07	3063.72
	未评等级景区	12072.31	10997.81

2. 旅游企业平均固定资产净值

2011年纳入编报范围的全国旅游企业平均固定资产净值为1336.04万元，相比2010年呈现小幅增长，2010年旅游企业平均固定资产净值为1289.67万元。

其中，2011年旅游集团的平均固定资产净值最大，为92537.33万元，远远超过了旅游企业的平均水平。其次是旅游景区和旅游饭店，其平均固定资产净值分别为3970.45万元和2691.11万元，旅行社类旅游企业的平均固定资产净值最小，为51.33万元。其他旅游企业的平均固定资产净值为2365.32万元。

——旅游景区和旅游饭店方面，随着等级的增加，企业固定资产净值呈逐级上升态势，其中五星级饭店和5A级景区平均固定资产净值最大，分别为15069.55万元和22858.37万元。

——旅行社方面，经营出境游旅行社的企业平均固定资产净值为326.19万元，远远超过经营非出境游旅行社的21.91万元。

与2010年相比，总体上旅游企业平均固定资产净值呈现小幅上升，旅行社、旅游饭店、旅游景区等各个业态的固定资产净值均呈现增长趋势。

与2010年相比，在旅游饭店方面，五星级、四星级和一星级饭店的平均固定资产净值均出现了不同程度的减少，其他类型的星级饭店呈现小幅的增加，特别是未评星级饭店的资产规模呈现大幅上升，从2010年的2428.05万元增长至2011年的2741.94万元。这表明，近年来，越来越多的高端新建设酒店发展迅速，没有纳入到星级酒店的体系之中。

与2010年相比，各个等级的旅游景区的平均固定资产净值呈现较大增长，特别是5A级旅游景区，从2010年的19030.38万元增长至2011年的22858.37万元。未评等级的旅游景区的平均固定资产净值也呈现出较大的增长幅度，这从侧面反映出旅游景区的快速发展。

与2010年相比，无论是经营出境游的旅行社还是经营非出境游的旅行社，其平均固定资产净值均呈现小幅增加。

表9　2011年旅游企业平均固定资产净值

单位：万元

企业类别		平均固定资产净值（2011年）	平均固定资产净值（2010年）
全国旅游企业		1336.04	1289.67
旅游企业	旅行社	51.33	48.48
	旅游饭店	2691.11	2678.14
	旅游集团	92537.33	90963.34
	旅游景区	3970.45	3485.88
	其他旅游企业	2365.32	2111.79
饭店	五星级饭店	15069.55	15177.38
	四星级饭店	4265.26	4266.37
	三星级饭店	1221.53	1218.50
	二星级饭店	459.55	454.57
	一星级饭店	340.76	343.92
	未评星级饭店	2741.94	2428.05
旅行社	经营出境游旅行社	326.19	320.09
	经营非出境游旅行社	21.91	19.42

续表

企业类别		平均固定资产净值（2011年）	平均固定资产净值（2010年）
旅游景区	5A级景区	22858.37	19030.38
	4A级景区	5011.48	4311.69
	3A级景区	1406.63	1282.81
	2A级景区	895.47	790.85
	1A级景区	961.79	931.80
	未评等级景区	4575.44	4337.58

（二）旅游企业经营规模与水平

2011年纳入编报范围的全国旅游企业平均营业总收入为2227.46万元，旅游企业的平均营业利润为70.17万元，旅游企业平均净利润为55.17万元。尽管从盈利能力上看，旅游企业相对不强，但是相比2010年，可以明显地看出旅游企业的盈利能力呈现上升发展趋势，旅游企业平均营业总收入、营业利润、净利润分别比2010年增加了349.23万元、12.62万元、13.25万元。

在不同业态方面，旅游集团、旅游景区等旅游企业经营水平相对较好，这两类旅游企业的平均营业总收入、营业利润和净利润明显高于平均水平，而旅行社和旅游饭店的经营规模和营业水平相对不理想。

1. 旅游企业平均营业总收入

2011年全国旅游企业平均营业总收入为2227.46万元，与2010年相比呈现小幅增长（2010年为1878.23万元）。

其中，2011年旅游集团的企业平均营业总收入最高，为178079.4万元，远远超过了旅游企业的平均水平。其次是旅游饭店和旅游景区，其平均营业总收入分别为 2432.33 万元和 1995.76 万元。旅行社的平均营业总收入最低，仅为 1606.07 万元。其他旅游企业的平均营业总收入为 3384.65 万元。

与 2010 年相比，旅游集团、旅行社、旅游饭店和旅游景区平均营业总收入均出现显著增加。

2. 旅游企业平均营业利润

2011 年全国旅游企业平均营业利润为 70.17 万元，相比 2010 年呈现小幅增长（2010 年为 57.55 万元）。

其中，2011 年旅游集团的平均营业利润最高，为 17288.76 万元，远远超过了旅游企业的平均水平。其次是旅游景区，其平均营业利润为 184.37 万元，旅行社的平均营业利润最低，仅为 14.68 万元。旅游饭店的平均营业利润为 51.09 万元。其他旅游企业的平均营业利润为 191.85 万元。

相比 2010 年，旅游集团、旅游饭店、旅游景区和旅行社平均营业利润均出现显著增加。

3. 旅游企业平均净利润

2011 年全国旅游企业平均净利润为 55.17 万元，相比 2010 年呈现小幅增长（2010 年为 41.92 万元）。

其中，2011 年旅游集团的企业平均净利润最高，为 11971.61 万元，远远超过了旅游企业的平均水平。其次是旅游景区，其平均净利润为 208.38 万元，而旅行社的平均净利润最低，仅为 11.64 万元。旅游饭店的平均净利润为 35.61 万元。其他旅游企业的平均净利润为 153.19 万元。相比 2010 年，各个业态的旅游企业平均净利润均呈增长态势。

表 10　2011 年旅游企业平均营业总收入、营业利润和净利润

单位：万元

企业类别		平均营业总收入		平均营业利润		平均净利润	
		2011 年	2010 年	2011 年	2010 年	2011 年	2010 年
	全国旅游企业	2227.46	1878.23	70.17	57.55	55.17	41.92
旅游企业	旅游饭店	2432.33	2138.40	51.09	36.88	35.61	21.96
	旅行社	1606.07	1299.51	14.68	14.57	11.64	11.06
	旅游景区	1995.76	1581.53	184.37	120.85	208.38	121.44
	旅游集团	178079.40	157921.46	17288.7	15279.35	11971.61	10523.36
	其他旅游企业	3384.65	2789.48	191.85	164.28	153.19	127.47
旅游饭店	五星级饭店	11722.06	10359.71	973.79	764.31	816.83	652.85
	四星级饭店	4029.45	3543.28	17.98	7.30	−11.37	−20.01
	三星级饭店	1273.75	1126.06	−25.02	−27.29	−24.67	−32.75
	二星级饭店	490.43	440.40	2.00	−0.46	0.50	−2.00
	一星级饭店	285.47	250.19	−4.38	−11.92	−0.71	−14.81
	未评星级饭店	2358.69	1959.11	−63.40	−21.71	−51.43	−12.06
旅行社	经营出境游旅行社	11033.83	8956.14	126.20	124.42	99.64	94.23
	经营非出境游旅行社	597.20	480.17	2.75	2.81	2.22	2.16
旅游景区	5A 级景区	13172.77	9982.97	2554.65	1897.82	2424.12	1616.42
	4A 级景区	2611.23	2086.45	271.24	233.62	335.28	258.12
	3A 级景区	667.95	496.55	24.11	−8.19	25.31	0.10
	2A 级景区	799.71	650.67	43.61	17.41	45.95	15.58
	1A 级景区	660.90	595.56	−61.52	−76.52	−58.74	−80.36
	未评等级景区	1548.04	1322.02	−104.65	−181.74	−76.89	−183.98

（三）旅游企业平均从业人员

从纳入编报范围的旅游企业的从业人数和旅游企业的职工人数来看，2011 年全国旅游企业大都为小型经营的企业，旅游企业年末从业人数为 73 人，全年平均职工人数为 72 人。

与 2010 年相比，旅游企业平均年末从业人数和平均职工人数均呈现增长态势，旅游企业平均年末从业人数从 2010 年的 68 人增长到 2011 年的 73 人，全年平均职工人数从 2010 年的 67 人增长到 2011 年的 72 人。

1. 旅游企业年末从业人数

2011 年全国旅游企业年末从业人数为 73 人。其中，2011 年旅游集团年末从业人数为 3354 人；旅游饭店和旅游景区年末从业人数分别为 153 人和 113 人；旅行社年末从业人数最少，仅为 16 人；其他旅游企业年末从业人数为 136 人。

2. 旅游企业年平均职工人数

2011 年全国旅游企业年平均职工人数为 72 人。其中，2011 年旅游集团年平均职工人数为 3346 人，旅游饭店和旅游景区年平均职工人数分别为 151 人和 114 人，旅行社年平均职工人数最少，仅为 15 人。其他旅游企业年平均职工人数为 131 人。

表 11　2011 年旅游企业年末从业人数和平均职工人数

单位：人

企业类别		企业年末从业人数		企业平均职工人数	
		2011 年	2010 年	2011 年	2010 年
全国旅游企业		73	68	72	67
旅游企业	旅游饭店	153	145	151	146
	旅行社	16	14	15	13
	旅游景区	113	98	114	98
	旅游集团	3354	3131	3346	3110
	其他旅游企业	136	121	131	119
旅游饭店	五星级饭店	501	482	496	490
	四星级饭店	245	235	243	236
	三星级饭店	109	104	108	103
	二星级饭店	51	49	50	48
	一星级饭店	35	34	33	32
	未评星级饭店	145	127	145	127
旅行社	经营出境游旅行社	75	65	73	62
	经营非出境游旅行社	9	9	9	8
旅游景区	5A 级景区	499	443	522	442
	4A 级景区	148	127	148	129
	3A 级景区	54	47	56	48
	2A 级景区	47	37	48	42
	1A 级景区	61	63	59	43
	未评等级景区	108	94	108	88

四、旅游企业财务效益情况

（一）旅游企业盈利能力

总体上看，与 2010 年相比，2011 年纳入编报范围的旅游企业盈利能力显著增强，旅游企业的净资产收益率、总资产报酬率、销售（营业）利润率等指标均呈现增长态势。

1. 旅游企业净资产收益率

净资产收益率是指企业一定时期内的净利润同平均净资产的比率，充分体现了投资者投入企业的自由资本获取净收益的能力，突出反映了投资与报酬的关系，是评价企业资本经营效益的核心指标。

2011 年全国旅游企业净资产收益率平均为 5.32%，表明 2011 年中国旅游企业的投资经营效益相对不高，2011 年中长期（1 ~ 3 年）银行贷款的利率为 6.1%，旅游企业的净资产收益率低于银行贷款利率。另外，旅游业中的私营小型企业过多，其成本费用较高也是净资产收益率低的重要原因。

尽管旅游企业净资产收益率仍然较低，但是与 2010 年相比，旅游企业的净资产收益率呈现显著的上升，2010 年旅游企业净资产收益率仅为 4.02%，2011 年上升至 5.32%，这表明旅游企业的盈利能力正在逐渐改善。

2011 年不同旅游企业之间的净资产收益率呈现较大的差异性特征，其中，旅游集团的净资产收益率最高，平均为 10.80%；其次是旅行社，其净资产收益率平均为 10.04%；相对来说，旅游景区和旅游饭店的净资产收益率最低，平均分别为 5.22% 和 3.02%；其他旅游企业净资产收益率平均为6.77%。

与2010年相比，旅游集团、旅游饭店、旅游景区的净资产收益率呈现上升趋势，而旅行社则出现小幅下降。

在具体业态方面，也呈现出以下几个特点：

——旅游星级饭店方面，五星级饭店经营状况最好，其净资产收益率最高，为6.36%。其次是二星级饭店和四星级饭店，其净资产收益率分别为2.34%和1.48%；一星级饭店和三星级饭店净资产收益率最低，分别为0.73%和0.51%；未评星级饭店净资产收益率为1.42%。与2010年相比，除一星级饭店之外，其他类型的星级饭店的经营状况均有所改善，其净资产收益率均呈增长态势。广东、北京、四川、浙江、福建、重庆、云南、陕西等省市旅游饭店平均净资产收益率高于全国平均水平。

——旅行社总体上经营状况良好，其中经营出境旅游业务的旅行社的净资产收益率为12.70%，远远高于经营非出境旅游业务旅行社的净资产收益率（5.91%）。与2010年相比，旅行社的净资产收益率均出现小幅下降。宁夏、上海、湖南、江苏、广东、安徽、重庆、黑龙江等省区市旅行社平均净资产收益率高于全国平均水平。

——旅游景区方面，5A级旅游景区的净资产收益率最高，为10.75%；其次是4A级旅游景区，其净资产收益率为5.87%；2A级旅游景区和3A级旅游景区的净资产收益率分别为3.10%和2.36%；1A级旅游景区和未评等级景区的净资产收益率均为负值，分别为–4.30%和–1.68%。与2010年相比，5A级旅游景区、4A级旅游景区的净资产收益率均呈现增长趋势，而其他类型景区的净资产收益率则出现小幅下降。福建、江西、宁夏、广东、新疆、湖南、安徽、甘肃、辽宁、四川、贵州、海南、河北、广西、云南、浙江、河南等省区市旅游景区净资产收益率高于全国平均水平。

——其他旅游企业净资产收益率为6.77%，其中海南、广西、重庆、上海、新疆、福建、湖南、河南、安徽等省区市其他旅游企业的净资产收益率高于全国平均水平。

表12　2011年旅游企业净资产收益率

单位：%

企业类别		净资产收益率（2011年）	净资产收益率（2010年）
全国旅游企业		5.32	4.02
旅游企业	旅行社	10.04	11.99
	旅游饭店	3.02	2.47
	旅游集团	10.80	5.15
	旅游景区	5.22	4.12
	其他旅游企业	6.77	6.28
旅游饭店	五星级饭店	6.36	5.81
	四星级饭店	1.48	0.84
	三星级饭店	0.51	–0.14
	二星级饭店	2.34	1.22
	一星级饭店	0.73	3.03
	未评星级饭店	1.42	1.86
旅行社	经营出境游旅行社	12.70	14.29
	经营非出境游旅行社	5.91	7.88

续表

企 业 类 别		净资产收益率（2011 年）	净资产收益率（2010 年）
旅游景区	5A 级景区	10.75	7.60
	4A 级景区	5.87	3.76
	3A 级景区	2.36	4.62
	2A 级景区	3.10	3.40
	1A 级景区	–4.30	–0.48
	未评等级景区	–1.68	—

2. 旅游企业总资产报酬率

旅游企业总资产报酬率是指企业一定时期内所获得的报酬总额与平均资产总额的比率，其中报酬总额由利润总额和利息支出两部分组成。总资产报酬率表示企业包括净资产和负债在内的全部资产的总体获利能力，是评价企业资产运营效益的重要指标。

2011 年全国旅游企业的总资产报酬率为 3.98%，与 2010 年相比旅游企业总资产报酬率呈现小幅增长，2010 年中国旅游企业的总资产报酬率仅为 2.54%。

不同旅游企业之间的总资产报酬率呈现较大的差异性特征。2011 年旅游集团的总资产报酬率最高，为 5.92%；其次是旅行社，总资产报酬率为 5.23%；旅游景区总资产报酬率为 3.64%；旅游饭店的总资产报酬率最低，仅为 2.91%；其他旅游企业的总资产报酬率为 4.99%。与 2010 年相比，旅游集团的总资产报酬率出现显著上升，从 2010 年的 2.45% 上升至 2011 年的 5.92%，而其他类型的旅游企业的总资产报酬率均出现不同程度的小幅下降。

而在具体业态方面，呈现出以下几个特点：

——旅游饭店方面，五星级饭店的总资产报酬率最高，为 4.70%，远远高于其他等级旅游饭店的总资产报酬率；三星级饭店的总资产报酬率最低，为 1.24%；四星级饭店、二星级饭店、一星级饭店的总资产报酬率分别为 2.35%、2.27% 和 1.42%；未评星级饭店总资产报酬率为 1.68%。与 2010 年相比，除一星级饭店外，其他类型饭店的总资产报酬率均出现不同程度的增长。海南、浙江、北京、四川、福建、重庆、云南等省市旅游饭店的总资产报酬率高于全国平均水平。

——旅行社方面，经营出境游旅行社的总资产报酬率为 5.90%，高于经营非出境游旅行社的总资产报酬率（3.76%）。与 2010 年相比，经营出境游旅行社的总资产报酬率呈现小幅下降，而经营非出境游旅行社，其总资产报酬率则出现小幅上升。宁夏、湖南、江苏、安徽、上海、黑龙江、山东、北京、重庆等省区市旅行社的总资产报酬率高于全国平均水平。

——旅游景区方面，5A 级旅游景区的总资产报酬率最高，为 6.85%；其次是 4A 级旅游景区，其总资产报酬率为 4.16%；而 1A 级旅游景区的总资产报酬率最低，且为负值，仅为 -1.11%；3A 级旅游景区和 2A 级旅游景区的总资产报酬率分别为 2.21% 和 2.68%；未评等级旅游景区的总资产报酬率为 0.42%。与 2010 年相比，4A 级景区和 5A 级旅游景区总资产报酬率呈现增长趋势。福建、江西、宁夏、湖南、新疆、四川、河南、辽宁、海南、广东、广西、安徽、浙江、黑龙江、云南、贵州等省区市旅游景区总资产报酬率高于全国平均水平。

——其他旅游企业总资产报酬率为4.99%。上海、广西、福建、新疆、安徽、重庆、湖南、海南等省区市其他旅游企业的总资产报酬率高于全国平均水平。

表13　2011年旅游企业总资产报酬率

单位：%

企业类别		总资产报酬率（2011年）	总资产报酬率（2010年）
全国旅游企业		3.98	2.54
旅游企业	旅行社	5.23	4.85
	旅游饭店	2.91	2.07
	旅游集团	5.92	2.45
	旅游景区	3.64	2.53
	其他旅游企业	4.99	3.77
旅游饭店	五星级饭店	4.70	3.81
	四星级饭店	2.35	1.32
	三星级饭店	1.24	0.64
	二星级饭店	2.27	1.46
	一星级饭店	1.42	1.89
	未评星级饭店	1.68	1.42
旅行社	经营出境游旅行社	5.90	5.22
	经营非出境游旅行社	3.76	3.95
旅游景区	5A级景区	6.85	5.59
	4A级景区	4.16	2.68
	3A级景区	2.21	8.50
	2A级景区	2.68	3.23
	1A级景区	–1.11	–0.85
	未评等级景区	0.42	—

3. 旅游企业利润率

（1）销售（营业）利润率

旅游企业销售（营业）利润率是指旅游企业一定时期内营业利润同营业收入净额的比率。2011 年全国旅游企业销售（营业）利润率为 4.17%，与 2010 年相比，呈现小幅上升（2010 年为 2.51%）。

其中，2011 年旅游集团和旅游景区的销售（营业）利润率最高，分别为 9.71% 和 10.96%；旅游饭店销售（营业）利润率为 4.17%；旅行社的销售（营业）利润率最低，仅为 1.11%；其他旅游企业销售（营业）利润率为 7.68%。与 2010 年相比，除旅行社之外，旅游饭店、旅游景区和旅游集团的销售（营业）利润率均呈现不同程度的增长。

——旅行社方面，2011 年经营出境游旅行社销售（营业）利润率为 1.30%，经营非出境游旅行社为 0.74%。宁夏、黑龙江、北京、上海、内蒙古、江苏、新疆等省区市旅行社销售（营业）利润率高于全国平均水平。

——旅游饭店方面，2011 年五星级饭店销售（营业）利润率为 10.06%，四星级饭店为 2.20%，三星级饭店为 0.62%，二星级饭店为 2.61%，一星级饭店为 1.06%，未评星级饭店为 0.75%。海南、北京、广东、四川、辽宁、重庆、上海、云南、陕西、福建等省市旅游饭店销售（营业）利润率高于全国平均水平。

——旅游景区方面，2011 年 5A 级旅游景区销售（营业）利润率为 20.05%，4A 级旅游景区为 12.66%，3A 级旅游景区为 6.31%，2A 级景区为 4.39%，1A 级旅游景区为 –8.15%，未评等级旅游景区为 –6.44%。福建、江西、海南、甘肃、新疆、宁夏、辽宁、湖南、浙江、安徽、广西、云南、广东、山东、湖北、河南等省区市旅游景区销售（营业）利润率高于全国平均水平。

——其他旅游企业2011年销售（营业）利润率为7.68%，广西、新疆、海南、福建、安徽、上海、四川、山东、湖南等省区市其他旅游企业销售（营业）利润率高于全国平均水平。

（2）成本费用利润率

旅游企业成本费用利润率是指旅游企业一定时期内营业利润与企业成本费用总额的比率，表示企业为取得利润而付出的代价。2011年全国旅游企业成本费用利润率为4.91%，与2010年相比，旅游企业成本费用利润率呈现上升，2010年旅游企业成本费用利润率为2.97%.

其中，2011年旅游景区的企业成本费用利润率最高，为17.06%；其次是旅游集团，成本费用利润率为11.23%；旅游饭店的成本费用利润率为4.75%，旅行社的成本费用利润率最低，仅为1.28%；其他旅游企业成本费用利润率为8.98%。与2010年相比，除了旅行社的成本费用利润率出现下降之外，其他类型的旅游企业的成本费用利润率均出现不同程度的增长。

——旅行社方面，2011年经营出境游旅行社的成本费用利润率为1.49%，经营非出境游旅行社的成本费用利润率为0.84%。宁夏、黑龙江、北京、上海、内蒙古、安徽等省区市旅行社成本费用利润率高于全国平均水平。

——旅游饭店方面，2011年五星级饭店成本费用利润率为11.12%，四星级饭店为2.67%，三星级饭店为1.19%，二星级饭店为3.19%，一星级饭店为 1.65%，未评星级饭店为 2.24%。海南、广东、北京、四川、云南、重庆、辽宁、上海、福建、浙江、陕西等省市旅游饭店成本费用利润率高于全国平均水平。

——旅游景区方面，2011 年 5A 级旅游景区成本费用利润率为 29.05%，4A 级旅游景区为 20.84%，3A 级旅游景区为 9.64%，2A 级旅游景区为 7.79%，1A 级旅游景区为 -6.30%，未评等级旅游景区为 -3.42%。江西、福建、海南、山东、湖南、甘肃、宁夏、广西、浙江、辽宁、安徽、新疆、黑龙江等省区市旅游景区成本费用利润率高于全国平均水平。

——其他旅游企业 2011 年成本费用利润率为 8.98%，广西、新疆、海南、福建、安徽、河南、上海等省区市其他旅游企业成本费用利润率高于全国平均水平。

表 14　2011 年旅游企业销售（营业）利润率、成本费用利润率

单位：%

企业类别		销售（营业）利润率		成本费用利润率	
		2011 年	2010 年	2011 年	2010 年
全国旅游企业		4.17	2.51	4.91	2.97
旅游企业	旅游饭店	4.17	1.51	4.75	1.94
	旅行社	1.11	1.33	1.28	1.43
	旅游景区	10.96	9.07	17.06	12.39
	旅游集团	9.71	5.22	11.23	6.02
	其他旅游企业	7.68	6.95	8.98	7.89

续表

企业类别		销售（营业）利润率		成本费用利润率	
		2011年	2010年	2011年	2010年
旅游饭店	五星级饭店	10.06	8.24	11.12	9.40
	四星级饭店	2.20	−1.02	2.67	−1.90
	三星级饭店	0.62	−2.79	1.19	−2.09
	二星级饭店	2.61	−1.40	3.19	−0.97
	一星级饭店	1.06	−1.35	1.65	0.26
	未评星级饭店	0.75	0.94	2.24	1.71
旅行社	经营出境游旅行社	1.30	1.60	1.49	1.70
	经营非出境游旅行社	0.74	0.78	0.84	0.90
旅游景区	5A级景区	20.05	21.29	29.05	16.2
	4A级景区	12.66	10.45	20.84	8.35
	3A级景区	6.31	2.98	9.64	14.38
	2A级景区	4.39	5.02	7.79	6.40
	1A级景区	−8.15	−9.49	−6.30	1.19
	未评等级景区	−6.44	−7.50	−3.42	—

（二）旅游企业资产运营能力

总体上，与2010年相比，2011年纳入编报范围的旅游企业总资产周转率基本保持不变，但是旅游企业的流动资产周转率和应收账款周转率有所下降。

1. 旅游企业总资产周转率

旅游企业总资产周转率是指企业一定时期内营业收入净额同平均

资产总额的比率，是综合评价企业全部资产经营质量和利用效率的重要指标。

2011 年全国旅游企业总资产周转率为 65.26%，总资产利用效率表现一般，但与 2010 年相比，旅游企业总资产周转率基本保持不变，2010 年旅游企业总资产周转率为 65.52%。

其中，2011 年旅行社的企业总资产周转率最高，为 390.78%，远远高于其他类型的旅游企业；其次是旅游集团，其总资产周转率为 47.15%；旅游景区和旅游饭店的总资产周转率分别为 19.48% 和 41.63%。其他旅游企业总资产周转率为 50.47%。与 2010 年相比，旅行社等企业的总资产周转率出现小幅增长，而旅游集团、旅游饭店和旅游景区等企业的总资产周转率则出现小幅下降。

——旅行社方面，2011 年经营出境游旅行社总资产周转率为 383.62%，经营非出境游旅行社为 406.40%。

——旅游饭店方面，2011 年五星级饭店总资产周转率为 35.99%，四星级饭店为 43.78%，三星级饭店为 46.59%，二星级饭店为 48.42%，一星级饭店为 53.83%，未评星级饭店为 41.55%。

——旅游景区方面，2011 年 5A 级旅游景区总资产周转率为 26.77%，4A 级旅游景区为 19.01%，3A 级旅游景区为 20.03%，2A 级旅游景区为 28.28%，1A 级旅游景区为 19.03%，未评等级旅游景区为 12.39%。

表15 2011年旅游企业总资产周转率

单位：%

企业类别		2011年	2010年
全国旅游企业		65.26	65.52
旅游企业	旅游饭店	41.63	40.16
	旅行社	390.78	384.38
	旅游景区	19.48	21.86
	旅游集团	47.15	55.77
	其他旅游企业	50.47	46.18
旅游饭店	五星级饭店	35.99	36.41
	四星级饭店	43.78	39.31
	三星级饭店	46.59	44.54
	二星级饭店	48.42	45.00
	一星级饭店	53.83	64.91
	未评星级饭店	41.55	46.75
旅行社	经营出境游旅行社	383.62	368.02
	经营非出境游旅行社	406.40	422.76
旅游景区	5A级景区	26.77	32.20
	4A级景区	19.01	16.30
	3A级景区	20.03	27.10
	2A级景区	28.28	51.50
	1A级景区	19.03	18.30
	未评等级景区	12.39	20.10

2. 旅游企业流动资产周转率

旅游企业流动资产周转率是指企业一定时期营业收入净额同平均流动资产总额的比率。

2011 年全国旅游企业流动资产周转率为 162.92%，流动资产周转率相对较高，资产利用效率表现良好。但是与 2010 年相比，旅游企业的流动资产周转率出现小幅下降，2010 年旅游企业流动资产周转率为 188.56%。

其中，2011 年旅行社企业流动资产周转率最高，为 523.82%，远远高于其他类型的旅游企业；其次是旅游饭店和旅游集团，流动资产周转率分别为 121.14% 和 94.53%；旅游景区的流动资产周转率相对偏低，平均仅为 66.31%；其他旅游企业流动资产周转率为 114.52%。与 2010 年相比，所有类型的旅游企业的流动资产周转率均出现不同程度的下降。

——旅行社方面，2011 年经营出境游旅行社流动资产周转率为 530.04%，经营非出境游旅行社流动资产周转率为 511.54%。

——旅游饭店方面，2011 年五星级饭店流动资产周转率为 101.97%，四星级饭店为 126.39%，三星级饭店为 140.76%，二星级饭店为 133.70%，一星级饭店为 202.78%，未评星级饭店为 136.17%。

——旅游景区方面，2011 年 5A 级旅游景区流动资产周转率为 108.69%，4A 级旅游景区为 62.48%，3A 级旅游景区为 65.96%，2A 级旅游景区为 59.01%，1A 级旅游景区为 96.78%，未评等级旅游景区为 44.17%。

表 16　2011 年旅游企业流动资产周转率

单位：%

企业类别		2011 年	2010 年
全国旅游企业		162.92	188.56
旅游企业	旅游饭店	121.14	137.84
	旅行社	523.82	547.86
	旅游景区	66.31	73.27
	旅游集团	94.53	127.13
	其他旅游企业	114.52	133.44
旅游饭店	五星级饭店	101.97	129.22
	四星级饭店	126.39	133.27
	三星级饭店	140.76	146.97
	二星级饭店	133.70	150.04
	一星级饭店	202.78	275.62
	未评星级饭店	136.17	168.16
旅行社	经营出境游旅行社	530.04	536.36
	经营非出境游旅行社	511.54	540.93
旅游景区	5A 级景区	108.69	100.00
	4A 级景区	62.48	55.00
	3A 级景区	65.96	75.00
	2A 级景区	59.01	143.00
	1A 级景区	96.78	216.00
	未评等级景区	44.17	85.00

3. 存货周转率

存货周转率是指企业一定时期内销售成本与平均存货的比率，是对流动资产周转率的补充说明。2011 年全国旅游企业平均存货周转率为 1.96 次。

4. 旅游企业应收账款周转率

旅游企业应收账款周转率是指一定时期内企业营业收入净额同平均应收账款余额的比率。

2011 年全国旅游企业应收账款周转率为 21.50 次，应收账款周转率较高，应收账款周转速度较快，能够有效地将旅游企业的应收账款转为现金，企业坏账损失较少。与 2010 年相比，旅游企业应收账款周转率呈现增长趋势，2010 年旅游企业应收账款周转率为 18.24 次。

其中，2011 年旅游集团的企业应收账款周转率最高，为 46.16 次，远高于其他类型的旅游企业；其次是旅行社和旅游饭店，其应收账款周转率分别为 28.35 次和 16.39 次；旅游景区的应收账款周转率相对偏低，为 9.31 次；其他旅游企业为 11.35 次。与 2010 年相比，所有业态的旅游企业的应收账款周转率均出现不同程度的提高。

——旅行社方面，2011 年经营出境游旅行社应收账款周转率为 33.44 次，经营非出境游旅行社为 21.61 次。

——旅游饭店方面，2011 年五星级饭店应收账款周转率为 27.69 次，四星级饭店为 16.44 次，三星级饭店为 11.34 次，二星级饭店为 8.74 次，一星级饭店为 16.04 次，未评星级饭店为 20.16 次。

——旅游景区方面，2011 年 5A 级旅游景区应收账款周转率为 32.02 次，4A 级旅游景区为 16.71 次，3A 级旅游景区为 6.81 次，2A 级旅游景区为 7.61 次，1A 级旅游景区为 58.23 次，未评等级旅游景区为 2.46 次。

表 17　2011 年旅游企业应收账款周转率

单位：次

企业类别		2011 年	2010 年
全国旅游企业		21.50	18.24
旅游企业	旅游饭店	16.39	14.93
	旅行社	28.35	23.83
	旅游景区	9.31	6.52
	旅游集团	46.16	45.83
	其他旅游企业	11.35	17.07
旅游饭店	五星级饭店	27.69	25.86
	四星级饭店	16.44	15.21
	三星级饭店	11.34	9.91
	二星级饭店	8.74	6.78
	一星级饭店	16.04	8.56
	未评星级饭店	20.16	21.16
旅行社	经营出境游旅行社	33.44	28.79
	经营非出境游旅行社	21.61	15.90
旅游景区	5A 级景区	32.02	46.22
	4A 级景区	16.71	5.06
	3A 级景区	6.81	9.51
	2A 级景区	7.61	11.76
	1A 级景区	58.23	47.32
	未评等级景区	2.46	11.35

（三）旅游企业偿债能力

总体上，与 2010 年相比，2011 年纳入编报范围的旅游企业的资产负债率有所下降，旅游企业的流动比率和速动比率均有所提高，旅游企业的资产流动性较好，旅游企业的偿债能力处于良性水平。

1. 旅游企业资产负债率

旅游企业资产负债率是指旅游企业一定时期内负债总额同资产总额的比率，是评价企业负债水平的综合指标。

2011 年全国旅游企业资产负债率为 56.24%，与 2010 年相比，旅游企业资产负债率呈现小幅下降，2010 年旅游企业资产负债率为 65.01%。

其中，2011 年旅游集团的资产负债率最高，为 64.77%；其次是旅行社，其资产负债率为 63.20%，旅游饭店和旅游景区的资产负债率分别为 53.18% 和 51.94%，其他旅游企业资产负债率为 51.23%。与 2010 年相比，所有类型的旅游企业的资产负债率均出现小幅下降。

——旅行社方面，2011 年经营出境游旅行社资产负债率为 65.56%，经营非出境游旅行社为 58.03%。

——旅游饭店方面，2011 年五星级饭店资产负债率为 52.88%，四星级饭店为 55.71%，三星级饭店为 50.13%，二星级饭店为 51.37%，一星级饭店为 38.72%，未评星级饭店为 52.61%。

——旅游景区方面，2011 年 5A 级旅游景区资产负债率为 48.20%，4A 级旅游景区为 48.76%，3A 级旅游景区为 42.48%，2A 级旅游景区为 49.84%，1A 级旅游景区为 66.14%，未评等级旅游景区为 68.05%。

表18　2011年旅游企业资产负债率

单位：%

企业类别		2011年	2010年
全国旅游企业		56.24	65.01
旅游企业	旅游饭店	53.18	68.67
	旅行社	63.20	65.87
	旅游景区	51.94	56.94
	旅游集团	64.77	65.15
	其他旅游企业	51.23	54.49
旅游饭店	五星级饭店	52.88	65.84
	四星级饭店	55.71	71.42
	三星级饭店	50.13	69.20
	二星级饭店	51.37	65.89
	一星级饭店	38.72	55.49
	未评星级饭店	52.61	69.69
旅行社	经营出境游旅行社	65.56	67.43
	经营非出境游旅行社	58.03	62.21
旅游景区	5A级景区	48.20	56.52
	4A级景区	48.76	59.19
	3A级景区	42.48	40.80
	2A级景区	49.84	44.57
	1A级景区	66.14	39.96
	未评等级景区	68.05	61.04

2. 旅游企业资产流动性

旅游企业流动比率是指旅游企业一定时期内流动资产同流动负债的比率，用以衡量企业短期债务偿还能力。旅游企业速动比率是指旅游企业一定时期的速动资产同流动负债的比率，用以衡量企业的短期偿债能力。

2011 年全国旅游企业流动比率为 104.94%，速动比率为 82.79%，这表明旅游企业的流动性较好。与 2010 年相比，旅游企业的流动比率和速动比率出呈现增长态势，这表明旅游企业的流动性发展良好，2010 年旅游企业流动比率和速动比率分别为 80.32% 和 67.74%。

流动比率方面，2011 年旅游集团流动比率最高，为 124.97%；其次是旅行社，其流动比率为 121.61%，相对来说，旅游景区和旅游饭店的流动比率较低，分别为 84.84% 和 96.57%，其他旅游企业流动比率为 115.96%。与 2010 年相比，旅游饭店、旅行社和旅游集团的流动比率呈现增长态势，而旅游景区流动比率呈现小幅下降态势。其中：

——旅行社方面，2011 年经营出境游旅行社流动比率为 113.60%，经营非出境游旅行社为 141.38%。

——旅游饭店方面，2011 年五星级饭店流动比率为 115.93%，四星级饭店为 90.12%，三星级饭店为 84.95%，二星级饭店为 89.81%，一星级饭店为 78.08%，未评星级饭店为 85.12%。

——旅游景区方面，2011 年 5A 级旅游景区流动比率为 94.07%，4A 级旅游景区为 97.83%，3A 级旅游景区为 90.53%，2A 级旅游景区为 115.03%，1A 级旅游景区为 30.77%，未评等级旅游景区为 56.24%。

速动比率方面，2011 年旅行社企业速动比率最高，为 116.13%，旅游饭店、旅游景区和旅游集团的速动比率则相差不大，分别为88.32%、73.28%和63.80%，其他旅游企业速动比率为77.84%。与2010年相比，旅游饭店和旅行社的速动比率均呈现出不同程度的增长态势。而旅游景区和旅游集团则出现小幅下降。其中：

——旅行社方面，2011年经营出境游旅行社速动比率为106.21%，经营非出境游旅行社为140.59%。

——旅游饭店方面，2011年五星级饭店速动比率为101.97%，四星级饭店为85.07%，三星级饭店为78.72%，二星级饭店为82.14%，一星级饭店为65.57%，未评星级饭店为78.67%。

——旅游景区方面，2011年5A级旅游景区速动比率为91.80%，4A级旅游景区为85.64%，3A级旅游景区为78.38%，2A级旅游景区为73.07%，1A级旅游景区为30.46%，未评等级旅游景区为45.83%。

表19　2011年旅游企业流动比率与速动比率

单位：%

企业类别		流动比率		速动比率	
		2011年	2010年	2011年	2010年
全国旅游企业		104.94	80.32	82.79	67.74
旅游企业	旅游饭店	96.57	66.27	88.32	60.51
	旅行社	121.61	119.17	116.13	102.24
	旅游景区	84.84	82.55	73.28	74.17
	旅游集团	124.97	101.00	63.80	74.41
	其他旅游企业	115.96	91.36	77.84	68.08

续表

企业类别		流动比率		速动比率	
		2011 年	2010 年	2011 年	2010 年
旅游饭店	五星级饭店	115.93	76.70	101.97	67.80
	四星级饭店	90.12	63.68	85.07	59.64
	三星级饭店	84.95	60.20	78.72	55.30
	二星级饭店	89.81	58.92	82.14	52.46
	一星级饭店	78.08	53.55	65.57	44.12
	未评星级饭店	85.12	62.78	78.67	59.46
旅行社	经营出境游旅行社	113.60	112.97	106.21	101.25
	经营非出境游旅行社	141.38	134.60	140.59	108.72
旅游景区	5A 级景区	94.07	99.00	91.80	81.00
	4A 级景区	97.83	79.00	85.64	62.00
	3A 级景区	90.53	103.00	78.38	68.00
	2A 级景区	115.03	108.00	73.07	53.00
	1A 级景区	30.77	53.00	30.46	31.00
	未评等级景区	56.24	81.00	45.83	52.00

3. 长期资产适合率

长期资产适合率是指企业所有者权益与长期负债之和同固定资产与长期投资之和的比率。从企业资源配置结构方面反映了企业财务结构的稳定程度以及财务风险的大小。2011 年全国旅游企业长期资产适合率为 151.84%。其中：

——旅行社长期资产适合率为 208.38%。其中，经营出境游旅行社为 185.25%，经营非出境游旅行社为 269.96%。

——旅游饭店长期资产适合率为 130.16%。其中，五星级饭店为

141.17%，四星级饭店为 124.89%，三星级饭店为 122.64%，二星级饭店为 118.07%，一星级饭店为 104.12%，未评星级饭店为 128.45%。

——旅游集团长期资产适合率为 196.31%。

——旅游景区长期资产适合率为 158.49%，其中，自然类旅游景区为 184.18%，文物类旅游景区为 184.94%，主题类旅游景区为 135.22%。

——其他旅游企业长期资产适合率为 178.97%。

（四）旅游企业发展能力

总体上看，与 2010 年相比，2011 年纳入编报范围的旅游企业依然保持强劲的增长能力。2011 年旅游企业总资产增长率明显高于 2010 年，保持较高增长速度；2011 年旅游销售增长率虽然低于 2010 年，但是依然在较高的增长水平之上。

1. 销售增长率

销售增长率是指旅游企业本年度营业收入增长额同上年营业收入总额的比率，是评价企业成长状况和发展能力的重要指标。

2011 年全国旅游企业销售增长率为 17.66%，仍然保持较高的增长速度，但与 2010 年相比，其增长速度有所放缓，2010 年旅游企业销售增长率为 29.08%。

其中，2011 年旅游景区的销售增长率最高，为 24.10%，高于其他类型的旅游企业；其次是旅行社，其销售增长率为 22.08%，相对来说，旅游饭店和旅游集团的销售增长率较低，分别为 12.56% 和 12.76%，其他旅游企业销售增长率为 20.54%。与 2010 年相比，各类旅游企业的销售增长率均有所下降。

——旅行社方面，2011 年经营出境游旅行社销售增长率为 22.73%，经营非出境游旅行社为 20.74%。

——旅游饭店方面，2011 年五星级饭店销售增长率为 12.66%，四星级饭店为 12.66%，三星级饭店为 11.36%，二星级饭店为 9.91%，一星级饭店为 11.19%，未评星级饭店为 18.12%。

——旅游景区方面，2011 年 5A 级旅游景区销售增长率为 32.03%，4A 级旅游景区为 22.91%，3A 级旅游景区为 33.25%，2A 级旅游景区为 10.97%，1A 级旅游景区为 6.54%，未评等级旅游景区为 15.35%。

表 20　2011 年旅游企业销售增长率

单位：%

企业类别		2011 年	2010 年
全国旅游企业		17.66	29.08
旅游企业	旅游饭店	12.56	19.33
	旅行社	22.08	40.09
	旅游景区	24.10	21.25
	旅游集团	12.76	27.95
	其他旅游企业	20.54	20.19
旅游饭店	五星级饭店	12.66	24.24
	四星级饭店	12.66	17.42
	三星级饭店	11.36	13.06
	二星级饭店	9.91	7.16
	一星级饭店	11.19	7.85
	未评星级饭店	18.12	44.88

续表

企业类别		2011 年	2010 年
旅行社	经营出境游旅行社	22.73	42.02
	经营非出境游旅行社	20.74	36.28
旅游景区	5A 级景区	32.03	24.42
	4A 级景区	22.91	34.27
	3A 级景区	33.25	28.37
	2A 级景区	10.97	28.17
	1A 级景区	6.54	12.53
	未评等级景区	15.35	34.55

2. 资本积累率

资本积累率是指企业本年所有者权益增长额同年初所有者权益的比率，表示企业当年资本的积累能力，是评价企业发展潜力的重要指标。2011 年全国旅游企业资本积累率为 11.18%。其中：

——旅行社资本积累率为 11.28%。其中，经营出境游旅行社为 14.64%，经营非出境游旅行社为 5.71%。

——旅游饭店资本积累率为 4.99%。其中，五星级饭店为 5.33%，四星级饭店为 2.21%，三星级饭店为 7.33%，二星级饭店为 3.56%，一星级饭店为 1.50%，未评星级饭店为 10.60%。

——旅游集团资本积累率为 14.40%。

——旅游景区资本积累率为 23.17%。其中，自然类旅游景区为 16.32%，文物类旅游景区为 9.44%，主题类旅游景区为 35.38%。

——其他旅游企业资本积累率为 14.08%。

表 21　2011 年旅游企业资本积累率

单位：%

企　业　类　别		2011 年
全国旅游企业		11.18
旅游企业	旅游饭店	4.99
	旅行社	11.28
	旅游景区	23.17
	旅游集团	14.40
	其他旅游企业	14.08
旅游饭店	五星级饭店	5.33
	四星级饭店	2.21
	三星级饭店	7.33
	二星级饭店	3.56
	一星级饭店	1.50
	未评星级饭店	10.60
旅 行 社	经营出境游旅行社	14.64
	经营非出境游旅行社	5.71
旅游景区	文物类景区	9.44
	主题类景区	35.38
	自然类景区	16.32

3. 总资产增长率

总资产增长率是指旅游企业本年总资产增加额同年初资产总额的比率，用以衡量企业本期资产规模的增长情况，评价企业经营规模总量上的扩张程度。

2011 年全国旅游企业总资产增长率为 11.40%，与 2010 年相比，旅游企业保持了快速的增长态势，2010 年旅游企业总资产增长率仅为 11.02%。

其中，2011年旅游景区的总资产增长率最高，为17.74%，高于其他类型的旅游企业；其次是旅行社和旅游集团，其总资产增长率分别为15.69%和16.48%；相对来说，旅游饭店的总资产增长率最低，为5.56%，其他旅游企业的总资产增长率为14.64%。与2010年相比，所有业态的旅游企业的总资产增长率均呈现增长态势。

——旅行社方面，2011年经营出境游旅行社总资产增长率为15.72%，经营非出境游旅行社为15.61%。

——旅游饭店方面，2011年五星级饭店总资产增长率为6.72%，四星级饭店为4.30%，三星级饭店为4.83%，二星级饭店为6.74%，一星级饭店为0.94%，未评星级饭店为7.66%。

——旅游景区方面，2011年5A级旅游景区总资产增长率为26.77%，4A级旅游景区为17.72%，3A级旅游景区为20.86%，2A级旅游景区为21.03%，1A级旅游景区为4.85%，未评等级旅游景区为8.81%。

表22　2011年旅游企业总资产增长率

单位：%

企业类别		2011年	2010年
全国旅游企业		11.40	11.02
旅游企业	旅游饭店	5.56	5.82
	旅行社	15.69	25.20
	旅游景区	17.74	16.79
	旅游集团	16.48	14.77
	其他旅游企业	14.64	19.64

续表

企 业 类 别		2011 年	2010 年
旅游饭店	五星级饭店	6.72	6.77
	四星级饭店	4.30	5.85
	三星级饭店	4.83	5.12
	二星级饭店	6.74	1.33
	一星级饭店	0.94	-1.38
	未评星级饭店	7.66	6.16
旅 行 社	经营出境游旅行社	15.72	27.01
	经营非出境游旅行社	15.61	21.07
旅游景区	5A 级景区	26.77	19.53
	4A 级景区	17.72	23.54
	3A 级景区	20.86	17.42
	2A 级景区	21.03	21.84
	1A 级景区	4.85	21.29
	未评等级景区	8.81	9.16

五、旅游企业社会贡献情况

总体上看，与 2010 年相比，2011 年旅游企业的社会贡献日益凸显，旅游企业在推动经济发展、创造就业、提高人们生活水平等方面的作用日益明显。从纳入编报范围的旅游企业来看，2011 年旅游企业的人均增加值、年末从业人数、人均福利支出等指标均呈现较快的增长态势。

（一）旅游企业人均增加值

旅游企业增加值是指旅游企业在一定时间内向游客提供旅游服务过程中所创造的增加值，反映了企业创造社会价值的能力。按统计口径，增加值是企业固定资产折旧、劳动者报酬、生产税净额、营业盈余之和。

2011 年纳入编报范围的全国旅游企业人均增加值为 80266.02 元，与 2010 年相比，旅游企业人均增加值呈现较快增长态势，2010 年旅游企业人均增加值为 68098.59 元。

其中，2011 年旅游集团的企业人均增加值最高，为 163371.44 元，远远超过了旅游企业的平均水平；其次是旅游景区，其人均增加值为 85513.66 元；旅游饭店人均增加值为 71502.32 元，旅行社企业人均增加值最低，仅为 53107.70 元。其他旅游企业人均增加值为 85253.36 元。与 2010 年相比，各个类型的旅游企业的人均增加值均呈现增长态势。

表 23　2011 年旅游企业人均增加值

单位：元

企　业　类　别		2011 年	2010 年
全国旅游企业		80266.02	68098.59
旅游企业	旅游饭店	71502.32	63359.21
	旅行社	53107.70	56213.00
	旅游景区	85513.66	78811.24
	旅游集团	163371.44	103500.24
	其他旅游企业	85253.36	75115.06

续表

企业类别		2011年	2010年
旅游饭店	五星级饭店	122163.11	122502.34
	四星级饭店	70825.34	58428.26
	三星级饭店	47650.02	38721.27
	二星级饭店	38856.27	31942.91
	一星级饭店	39279.48	30368.22
	未评星级饭店	65996.75	46618.45
旅行社	经营出境游旅行社	71001.49	72542.30
	经营非出境游旅行社	36841.40	33825.55
旅游景区	5A级景区	145698.73	127618.44
	4A级景区	87724.67	65753.36
	3A级景区	48698.22	117636.54
	2A级景区	58697.22	40403.96
	1A级景区	34196.96	24299.97
	未评等级景区	52353.90	77185.25

（二）旅游企业人均财政贡献

旅游企业人均财政贡献是指旅游企业在一定时期内向游客提供旅游服务过程中所创造的财政贡献，反映了企业向国家纳税的能力。按统计口径，财政贡献是企业的各项税费之和。

2011年纳入编报范围的全国旅游企业人均财政贡献相对较高，为16397.56元，与2010年相比出现大幅增加，2010旅游企业人均财政贡献为14317.31元。

其中，2011年旅游集团的企业人均财政贡献最高，为51006.18元，远远超过了旅游企业的平均水平；其次是旅游景区和旅游饭店，其人均财政贡献分别为14056.19元和12898.64元；旅行社企业人均财政贡献最低，仅为8425.52元；其他旅游企业人均财政贡献为15392.32元。与2010年相比，旅游集团、旅游饭店人均财政贡献呈现大幅度的上升，而其他类型的旅游企业的人均财政贡献出现小幅下降。

表24　2011年旅游企业人均财政贡献

单位：元

企业类别		2011年	2010年
全国旅游企业		16397.56	14317.31
旅游企业	旅游饭店	12898.64	11898.15
	旅行社	8425.52	11569.59
	旅游景区	14056.19	16682.48
	旅游集团	51006.18	29827.09
	其他旅游企业	15392.32	19208.61
旅游饭店	五星级饭店	22367.42	29092.38
	四星级饭店	13141.44	9959.41
	三星级饭店	8093.77	7136.05
	二星级饭店	6367.03	5659.36
	一星级饭店	5521.22	4635.58
	未评星级饭店	11758.45	8911.04
旅行社	经营出境游旅行社	12055.07	11431.43
	经营非出境游旅行社	5089.70	9018.61

续表

企 业 类 别		2011 年	2010 年
旅游景区	5A 级景区	24527.10	23443.93
	4A 级景区	12055.08	10736.99
	3A 级景区	10449.92	34716.54
	2A 级景区	15698.72	3654.80
	1A 级景区	5781.21	6568.49
	未评等级景区	10978.76	13241.93

（三）旅游企业年人均职工工资

旅游企业年人均职工工资是指旅游企业在一定时期内向游客提供旅游服务过程中为企业职工支付的工资，反映了企业的员工成本和企业职工的工资水平。

2011 年纳入编报范围的全国旅游企业年人均职工工资为 28020.70 元，相对处于较低水平，但与 2010 年相比，旅游企业年人均职工工资呈现增长态势，2010 年旅游企业年人均职工工资为 25523.86 元。

其中，2011 年旅游集团的年人均职工工资最高，为 38450.46 元，远远超过了旅游企业的平均水平；旅游饭店年人均职工工资为 27946.62 元；旅游景区年人均职工工资为 26366.20 元；旅行社年人均职工工资最低，仅为 24177.53 元；其他旅游企业年人均职工工资为 23881.22 元。与 2010 年相比，各个业态的旅游企业的年人均职工工资均出现不同幅度的增长。

表25　2011年旅游企业年人均职工工资

单位：元

企　业　类　别		2011年	2010年
全国旅游企业		28020.70	25523.86
旅游企业	旅游饭店	27946.62	25949.85
	旅行社	24177.53	22054.72
	旅游景区	26366.20	22348.45
	旅游集团	38450.46	34377.74
	其他旅游企业	23881.22	22939.69
旅游饭店	五星级饭店	37375.26	46406.14
	四星级饭店	28249.73	24242.73
	三星级饭店	22488.91	19342.10
	二星级饭店	18960.74	16488.33
	一星级饭店	19963.29	17081.41
	未评星级饭店	31439.94	24827.45
旅　行　社	经营出境游旅行社	29781.77	30316.48
	经营非出境游旅行社	19288.95	15705.47
旅游景区	5A级景区	35955.79	31980.24
	4A级景区	26160.09	22954.15
	3A级景区	18718.60	15049.00
	2A级景区	18622.79	13320.00
	1A级景区	18097.19	14910.31
	未评等级景区	26835.47	23144.49

（四）旅游企业年人均福利支出

旅游企业年人均福利支出是指旅游企业在一定时期内向游客提供旅游服务过程中为企业职工支付的养老、失业以及医疗保险等费用，反映了企业的员工成本和企业职工的福利水平。

2011 年纳入编报范围的全国旅游企业年人均福利支出为 6035.74 元，与 2010 年相比，旅游企业年人均福利支出呈现增长态势，2010 年旅游企业年人均福利支出为 4215.26 元。

其中，2011 年旅游集团的年人均福利支出最高，为 10470.20 元；其次是旅行社，其年人均福利支出为 6647.72 元；旅游饭店的年人均福利支出为 5612.16 元；旅游景区的年人均福利支出最低，仅为 4830.34 元。其他旅游企业的年人均福利支出为 5047.14 元。与 2010 年相比，各个类型的旅游企业的年人均福利支出均呈现不同程度的增长，其中旅游集团和旅行社企业的年人均福利支出增长幅度最大。

表 26　2011 年旅游企业年人均福利支出

单位：元

<table>
<tr><th colspan="2">企　业　类　别</th><th>2011 年</th><th>2010 年</th></tr>
<tr><td colspan="2">全国旅游企业</td><td>6035.74</td><td>4215.26</td></tr>
<tr><td rowspan="5">旅游企业</td><td>旅游饭店</td><td>5612.16</td><td>4094.65</td></tr>
<tr><td>旅行社</td><td>6647.72</td><td>4948.79</td></tr>
<tr><td>旅游景区</td><td>4830.34</td><td>3229.25</td></tr>
<tr><td>旅游集团</td><td>10470.20</td><td>5397.06</td></tr>
<tr><td>其他旅游企业</td><td>5047.14</td><td>3916.65</td></tr>
</table>

续表

企 业 类 别		2011 年	2010 年
旅游饭店	五星级饭店	8722.89	6661.72
	四星级饭店	5474.63	4292.84
	三星级饭店	4119.77	3089.80
	二星级饭店	3509.68	2302.98
	一星级饭店	3765.74	2311.77
	未评星级饭店	5673.08	3422.8
旅 行 社	经营出境游旅行社	8751.93	6997.25
	经营非出境游旅行社	4812.21	3384.57
旅游景区	5A 级景区	6720.06	4579.55
	4A 级景区	4823.08	3590.37
	3A 级景区	3373.76	1878.48
	2A 级景区	3171.69	1694.97
	1A 级景区	3424.46	1036.39
	未评等级景区	4818.08	2731.12

（五）旅游企业就业人数

旅游企业年末从业人数是指年末在本企业实际从事生产经营活动的全部人员数。旅游企业全年平均职工人数是指企业年初和年末职工人数的平均值。旅游企业年末从业人数和全年平均职工人数都是反映旅游企业创造就业岗位的重要指标。

2011 年纳入编报范围的全国旅游企业的平均就业人数大致在 72 ~ 73 人。具体说来，2011 年度全国旅游企业年末从业人数平均为 73 人，旅游企业全年平均职工人数为 72 人。与 2010 年相比，旅游企业年末从业平均人数和旅游企业全年平均职工人数均呈现增长态势，2010 年旅游企业年末从业平均人数和旅游企业全年平均职工人数分别为 68 人和 67 人。

其中，2011 年旅游集团的年末从业人数最多，为 3354 人；其次是旅游饭店和旅游景区，其年末从业人数分别为 153 人和 113 人；相对来说，旅行社的年末从业人数最少，仅为 16 人；其他旅游企业的年末从业人数为 136 人。与 2010 年相比，旅游集团、旅游饭店、旅行社等企业的平均从业人数均出现不同程度的增加。

2011 年旅游集团全年平均职工人数最多，为 3346 人；其次是旅游饭店和旅游景区，其全年平均职工人数分别为 151 人和 114 人；旅行社的全年平均职工人数最少，仅为 15 人；其他旅游企业全年平均职工人数为 131 人。与 2010 年相比，旅游集团、旅游饭店、旅行社等企业的全年平均职工人数均出现不同程度的增加。

表 27　2011 年旅游企业年末从业人数和平均职工人数

单位：人

企业类别		企业年末从业人数		企业平均职工人数	
		2011 年	2010 年	2011 年	2010 年
全国旅游企业		73	68	72	67
旅游企业	旅游饭店	153	145	151	146
	旅行社	16	14	15	13
	旅游景区	113	98	114	98
	旅游集团	3354	3131	3346	3110
	其他旅游企业	136	121	131	119

续表

企业类别		企业年末从业人数		企业平均职工人数	
		2011年	2010年	2011年	2010年
旅游饭店	五星级饭店	501	482	496	490
	四星级饭店	245	235	243	236
	三星级饭店	109	104	108	103
	二星级饭店	51	49	50	48
	一星级饭店	35	34	33	32
	未评星级饭店	145	127	145	127
旅行社	经营出境游旅行社	75	65	73	62
	经营非出境游旅行社	9	9	9	8
旅游景区	5A级景区	499	443	522	442
	4A级景区	148	127	148	129
	3A级景区	54	47	56	48
	2A级景区	47	37	48	42
	1A级景区	61	63	59	43
	未评等级景区	108	94	108	88

六、分项补充指标情况

（一）旅行社补充指标

2011年全国旅行社入境旅游收入比率为9.22%，国内旅游收入比率为62.72%，出境旅游收入比率为28.06%，旅行社自联入境旅游收入比率为

4.15%。旅行社国内旅游收入毛利率为 6.59%，旅行社出境旅游收入毛利率为 5.41%。

（二）旅游饭店补充指标

2011 年全国旅游饭店平均客房出租率为 61.47%，旅游饭店平均房价为 321.10 元，旅游饭店房费收入比率为 41.46%，餐饮收入比率为 43.25%，商品收入比率为 4.3%，娱乐收入比率为 1.44%。旅游饭店餐饮收入毛利率为 50.45%，商品收入毛利率为 27.31%，娱乐收入毛利率为 70.57%。

（三）旅游景区补充指标

2011 年全国旅游景区门票收入比率为 52.56%，餐饮收入比率为 10.36%，商品收入比率为 8.28%，娱乐收入比率为 4.19%，其他旅游收入比率为 24.61%。旅游景区餐饮收入毛利率为 40.99%，商品收入毛利率为 47.17%，娱乐收入毛利率为 56.84%。旅游景区平均门票价格为 40.82 元，相比 2010 年增幅较大，2010 年旅游景区平均门票价格仅为 29.58 元。

附 表

2011 年度全国旅游行业经济效益

地区	财务效益				资产营运状况		
	净资产收益率(%)	总资产报酬率(%)	销售(营业)利润率(%)	成本费用利润率(%)	总资产周转率(%)	流动资产周转率(%)	存货周转率(次)
全国	5.32	3.98	4.17	4.91	65.26	162.92	1.96
北京	6.42	4.50	3.61	3.90	89.88	203.10	2.26
天津	−2.81	−0.52	−2.20	−2.09	56.75	182.58	7.07
河北	2.48	1.55	1.71	3.28	35.21	112.32	2.76
山西	−3.99	−1.10	−3.09	−2.64	57.30	165.11	5.06
内蒙古	2.56	1.72	2.92	3.19	43.35	116.07	4.96
辽宁	2.86	2.49	3.05	3.28	65.68	177.94	5.99
吉林	0.93	1.52	2.11	2.31	40.69	129.41	3.60
黑龙江	2.90	2.36	1.98	4.05	55.86	191.90	6.29
上海	4.63	3.46	2.86	3.35	90.54	230.72	4.83
江苏	1.63	1.99	0.56	1.72	62.32	158.83	4.97
浙江	6.41	5.35	5.31	6.42	59.36	143.96	2.74
安徽	7.72	4.73	7.91	8.80	46.75	111.63	1.53
福建	6.84	5.04	5.15	5.56	79.68	197.44	2.71
江西	3.92	3.07	3.04	3.55	68.86	179.71	3.20
山东	3.24	3.08	2.99	4.69	51.65	145.00	3.37

评价主要财务指标表（全部旅游企业）

	偿债能力状况				发展能力状况		
应收账款周转率(次)	资产负债率(%)	流动比率(%)	速动比率(%)	长期资产适合率(%)	销售增长率(%)	资本积累率(%)	总资产增长率(%)
21.50	56.24	104.94	82.79	151.84	17.66	11.18	11.40
20.73	59.77	100.13	76.32	141.78	15.29	7.62	7.57
13.04	45.47	93.42	88.91	164.04	10.30	30.38	15.40
9.58	66.23	55.12	47.62	107.24	18.75	8.18	8.85
10.74	58.36	74.47	67.99	102.32	15.48	6.68	12.16
8.25	55.13	97.25	91.37	146.55	26.20	8.41	14.20
33.17	42.05	139.91	134.63	141.35	17.06	5.73	8.05
16.17	51.48	84.75	77.17	116.53	28.04	13.56	6.30
12.80	42.97	84.03	79.29	117.70	9.64	5.04	13.07
29.96	45.68	115.08	108.44	151.62	10.78	3.57	3.03
18.94	59.93	97.97	90.23	149.42	16.64	24.45	19.96
29.76	61.86	99.36	81.57	150.28	12.23	13.55	8.97
16.07	61.54	108.96	84.32	168.43	19.41	13.07	23.53
19.36	53.13	128.01	109.54	174.32	22.73	12.89	10.32
17.00	49.81	118.58	103.75	154.75	27.78	10.70	9.25
15.68	46.72	110.80	99.15	178.45	17.20	7.30	6.68

地　区	财务效益				资产营运状况		
	净资产收益率(%)	总资产报酬率(%)	销售(营业)利润率(%)	成本费用利润率(%)	总资产周转率(%)	流动资产周转率(%)	存　货周转率(次)
河　南	2.28	2.58	2.66	3.42	51.59	192.91	5.00
湖　北	2.82	2.22	2.09	2.70	64.56	208.25	7.83
湖　南	6.28	4.98	4.34	5.03	76.13	232.14	4.35
广　东	13.43	6.71	9.34	10.76	61.94	115.86	0.51
广　西	3.72	3.30	4.00	5.02	52.05	178.08	5.80
海　南	12.76	7.31	9.54	10.61	71.89	141.40	1.57
重　庆	2.43	2.21	1.75	3.17	45.63	153.15	9.72
四　川	4.47	3.54	5.17	5.69	47.35	137.97	4.61
贵　州	3.21	2.54	2.56	3.10	61.12	172.85	7.80
云　南	4.72	3.92	4.24	5.21	64.10	181.22	1.07
陕　西	1.13	1.84	1.07	1.82	53.02	128.90	2.13
甘　肃	3.84	2.62	4.18	4.58	49.36	143.66	3.88
青　海	1.94	1.60	1.94	2.86	46.43	158.51	4.06
宁　夏	7.31	4.87	7.48	8.81	51.75	198.35	8.32
新　疆	2.55	2.48	4.06	4.10	53.47	162.22	5.02
西　藏	−1.61	−1.19	−13.34	−10.62	9.92	110.06	0.64

续表

	偿债能力状况				发展能力状况		
应收账款周转率(次)	资产负债率(%)	流动比率(%)	速动比率(%)	长期资产适合率(%)	销售增长率(%)	资本积累率(%)	总资产增长率(%)
11.74	49.67	76.05	66.69	120.83	17.06	7.52	9.31
21.93	52.30	89.61	85.24	146.77	20.10	5.49	12.76
19.86	52.85	88.20	74.86	125.56	26.15	2.85	5.40
34.15	63.57	140.28	67.32	197.26	16.30	20.88	19.89
14.87	43.62	94.13	88.69	135.80	14.48	3.98	5.10
23.72	52.48	118.45	106.56	149.84	27.16	7.77	9.52
28.46	53.45	94.65	89.22	243.24	39.25	6.76	8.19
23.15	54.47	102.31	94.10	127.89	26.29	14.06	13.87
20.89	53.88	89.39	84.77	148.78	31.22	20.67	18.73
23.17	47.56	114.92	84.41	158.42	35.61	8.73	12.02
16.98	61.36	86.77	69.33	131.71	27.05	17.91	18.42
8.96	48.25	93.33	81.46	115.17	24.99	13.61	10.90
18.34	43.30	104.89	98.32	119.33	27.29	5.17	8.49
21.68	49.35	75.42	71.74	113.82	25.11	8.27	11.13
15.98	44.09	91.21	80.04	107.23	26.43	6.64	7.68
6.55	22.13	88.99	69.77	104.41	25.31	−1.59	−1.03

2011 年度全国旅游行业经济效益

地 区	财务效益				资产营运状况		
	净资产收益率(%)	总资产报酬率(%)	销售(营业)利润率(%)	成本费用利润率(%)	总资产周转率(%)	流动资产周转率(%)	存 货周转率(次)
全 国	10.04	5.23	1.11	1.28	390.78	523.82	—
北 京	8.95	5.74	1.79	2.02	273.62	379.03	—
天 津	2.80	2.11	0.49	0.50	423.08	576.99	—
河 北	1.84	1.90	0.50	0.50	382.03	465.22	—
山 西	-2.01	-0.34	-0.13	-0.14	328.88	407.39	—
内蒙古	6.92	5.02	1.45	1.48	339.89	441.15	—
辽 宁	1.08	1.32	0.21	0.21	583.80	848.51	—
吉 林	1.40	1.79	0.59	0.70	255.27	314.55	—
黑龙江	10.09	5.99	2.13	2.18	277.06	312.10	—
上 海	16.68	6.32	1.66	1.77	355.03	481.73	—
江 苏	13.85	7.06	1.23	1.28	485.71	735.01	—
浙 江	9.36	4.75	0.79	1.00	456.19	612.56	—
安 徽	11.96	7.05	1.18	1.31	531.96	651.55	—
福 建	7.42	4.61	0.77	0.93	480.26	764.04	—
江 西	4.53	3.18	0.44	0.55	577.24	724.33	—
山 东	7.99	5.79	1.08	1.11	508.38	673.25	—

评价主要财务指标表（全部旅行社）

	偿债能力状况				发展能力状况		
应收账款周转率(次)	资产负债率(%)	流动比率(%)	速动比率(%)	长期资产适合率(%)	销售增长率(%)	资本积累率(%)	总资产增长率(%)
28.35	63.20	121.61	116.13	208.38	22.08	11.28	15.69
23.56	64.16	113.30	98.64	235.57	21.49	18.85	17.70
26.35	54.00	138.52	138.27	197.83	8.42	0.52	6.01
38.80	37.73	216.28	215.18	373.46	17.61	4.50	23.06
20.93	52.19	156.60	154.43	374.23	19.03	−2.94	14.07
26.34	44.20	173.99	172.60	322.25	35.96	4.48	20.08
49.13	60.08	119.27	117.90	174.16	17.75	2.52	22.59
18.77	39.75	206.09	205.41	368.45	28.93	−7.23	6.33
19.06	53.88	168.68	168.27	717.06	3.43	5.10	25.38
27.03	65.62	113.79	113.72	147.42	20.50	12.89	8.63
35.08	67.89	105.88	105.19	130.78	17.79	−1.26	10.30
26.65	64.54	118.82	118.49	198.30	6.97	12.65	10.37
27.79	54.05	150.71	149.99	295.67	25.48	12.72	13.55
32.21	56.69	122.34	121.90	215.52	30.17	7.05	16.39
37.45	49.94	154.18	153.70	257.98	49.65	1.23	18.36
31.89	49.62	154.86	153.97	264.82	15.99	7.65	12.48

地　区	财务效益				资产营运状况		
	净资产收益率(%)	总资产报酬率(%)	销售(营业)利润率(%)	成本费用利润率(%)	总资产周转率(%)	流动资产周转率(%)	存货周转率(次)
河　南	4.40	3.82	0.81	0.98	373.05	463.54	—
湖　北	8.08	4.68	0.89	1.28	361.79	572.61	—
湖　南	15.49	9.98	0.97	1.03	969.14	1132.38	—
广　东	13.94	4.88	0.78	1.12	409.32	492.11	—
广　西	6.40	2.90	0.31	0.58	462.64	566.69	—
海　南	–6.09	–1.92	–0.62	–0.54	380.28	423.82	—
重　庆	10.10	5.44	0.52	0.61	760.69	1016.47	—
四　川	7.96	4.17	0.78	0.80	501.17	626.81	—
贵　州	1.30	1.48	0.10	0.21	474.84	645.83	—
云　南	5.74	3.26	0.40	0.47	502.94	680.68	—
陕　西	3.51	2.23	0.41	0.43	506.96	576.25	—
甘　肃	4.27	2.36	0.97	1.03	215.15	309.45	—
青　海	–0.76	–0.18	–0.10	–0.12	201.64	290.00	—
宁　夏	27.31	16.46	2.76	2.97	563.47	663.44	—
新　疆	6.59	4.32	1.13	1.21	352.12	445.49	—
西　藏	—	—	—	—	—	—	—

续表

	偿债能力状况				发展能力状况		
应收账款周转率(次)	资产负债率(%)	流动比率(%)	速动比率(%)	长期资产适合率(%)	销售增长率(%)	资本积累率(%)	总资产增长率(%)
27.10	35.04	233.73	229.04	397.17	17.81	2.92	11.39
42.33	49.78	109.26	107.69	132.05	21.48	16.71	15.88
46.68	47.93	181.11	180.01	569.87	28.76	18.47	25.39
31.76	73.71	122.95	114.85	268.85	23.94	10.47	21.45
26.85	62.03	137.38	136.57	354.20	15.64	4.99	−1.30
18.59	66.28	133.88	133.69	354.39	37.39	−2.28	29.52
46.33	64.56	118.04	117.89	253.03	44.89	34.87	48.54
42.57	58.59	140.28	139.56	316.57	25.73	8.19	16.83
29.29	59.12	131.98	131.14	198.92	55.34	13.15	25.75
26.25	69.14	112.71	112.15	173.82	42.24	12.73	28.88
20.39	55.40	159.56	158.67	582.91	39.57	12.95	28.64
13.95	55.51	144.10	142.07	197.83	31.87	4.90	15.71
15.61	44.65	179.07	177.63	233.97	32.80	−4.82	0.43
23.80	46.25	183.52	182.53	569.80	33.19	8.65	20.44
13.81	56.46	143.72	142.93	258.99	37.83	−1.41	16.81
—	—	—	—	—	—	—	—

2011 年度全国旅游行业经济效益

地　区	财务效益				资产营运状况		
	净资产收益率(%)	总资产报酬率(%)	销售(营业)利润率(%)	成本费用利润率(%)	总资产周转率(%)	流动资产周转率(%)	存货周转率(次)
全　国	12.70	5.90	1.30	1.49	383.62	530.04	—
北　京	9.29	5.88	1.89	2.13	266.88	375.65	—
天　津	8.41	4.13	0.88	0.90	462.70	641.84	—
河　北	2.43	1.58	0.34	0.33	480.30	613.10	—
山　西	−5.40	−0.47	−0.08	−0.11	433.55	517.25	—
内蒙古	9.99	5.40	1.37	1.46	374.00	449.44	—
辽　宁	2.73	1.82	0.20	0.20	895.90	1116.76	—
吉　林	2.13	1.52	0.12	0.48	310.28	434.78	—
黑龙江	13.03	6.52	2.00	2.05	319.46	359.37	—
上　海	20.28	9.03	2.59	2.67	339.41	545.67	—
江　苏	13.06	5.15	0.66	0.70	605.31	811.69	—
浙　江	14.00	5.26	0.99	1.14	443.65	571.60	—
安　徽	21.23	9.69	1.82	1.97	488.41	586.41	—
福　建	9.99	5.64	0.93	1.07	515.79	902.59	—
江　西	5.72	3.19	0.38	0.59	538.25	646.38	—
山　东	13.95	8.31	1.37	1.40	580.71	782.40	—

评价主要财务指标表（经营出境游旅行社）

	偿债能力状况				发展能力状况		
应收账款周转率(次)	资产负债率(%)	流动比率(%)	速动比率(%)	长期资产适合率(次)	销售增长率(%)	资本积累率(%)	总资产增长率(%)
33.44	65.56	113.60	106.21	185.25	22.73	14.64	15.72
25.24	64.02	111.69	96.09	228.04	22.53	19.81	17.49
25.96	62.14	117.09	116.92	156.11	5.59	9.52	5.89
52.61	60.00	135.83	135.51	222.43	12.58	11.45	74.61
20.34	65.39	133.19	132.23	326.34	27.17	–5.60	11.66
33.40	59.33	139.43	138.80	442.33	31.51	7.28	26.79
65.50	70.21	115.68	115.36	206.57	13.81	4.36	33.84
19.50	47.37	158.50	158.03	231.93	18.83	–5.50	13.00
20.08	60.87	151.34	151.18	755.98	1.09	5.72	29.43
61.98	57.97	110.32	110.28	127.45	27.10	13.65	8.89
38.49	75.80	101.01	100.55	117.40	21.38	4.68	5.56
24.03	72.06	106.83	106.71	170.27	8.00	16.54	7.34
54.73	64.07	126.85	126.79	200.70	37.19	23.66	8.66
37.60	58.84	109.23	108.74	190.38	27.61	2.83	10.53
26.29	66.77	123.16	122.78	228.00	57.05	6.25	28.78
31.81	58.52	129.98	129.61	190.53	9.95	13.32	16.15

地 区	财务效益				资产营运状况		
	净资产收益率(%)	总资产报酬率(%)	销售(营业)利润率(%)	成本费用利润率(%)	总资产周转率(%)	流动资产周转率(%)	存 货周转率(次)
河 南	7.39	4.16	0.45	0.65	626.09	761.63	—
湖 北	9.22	4.48	0.84	1.58	284.13	505.11	—
湖 南	24.09	14.36	0.81	0.86	1673.38	2029.34	—
广 东	14.76	4.65	0.70	1.09	402.39	486.73	—
广 西	11.23	4.22	0.38	0.97	426.72	527.82	—
海 南	-7.71	-1.96	-0.65	-0.58	376.80	425.68	—
重 庆	16.37	7.29	0.70	0.83	868.47	1065.94	—
四 川	11.92	4.90	0.70	0.72	635.87	730.89	—
贵 州	-2.69	0.65	-0.30	-0.11	558.97	805.47	—
云 南	2.70	1.45	0.13	0.18	710.33	908.81	—
陕 西	5.75	2.93	0.47	0.54	537.07	608.20	—
甘 肃	0.41	0.43	-1.59	0.07	146.40	224.61	—
青 海	3.05	1.44	0.72	0.68	188.87	246.05	—
宁 夏	25.17	16.08	1.55	1.64	977.37	1223.91	—
新 疆	11.84	7.40	1.85	1.96	376.34	492.92	—
西 藏	—	—	—	—	—	—	—

续表

	偿债能力状况				发展能力状况		
应收账款周转率(次)	资产负债率(%)	流动比率(%)	速动比率(%)	长期资产适合率(次)	销售增长率(%)	资本积累率(%)	总资产增长率(%)
34.33	55.22	158.39	158.22	340.18	13.78	4.84	6.97
65.92	54.91	73.16	71.86	90.05	11.31	24.73	13.90
83.51	48.15	176.90	176.42	488.30	31.80	38.93	27.65
32.79	76.29	118.84	109.87	249.64	21.86	10.39	21.59
31.36	65.54	129.43	129.27	306.40	4.64	6.93	1.59
18.18	71.28	121.48	121.47	257.04	30.79	–5.39	30.32
46.98	67.23	125.65	125.52	286.71	45.06	52.99	71.80
52.47	67.68	128.44	128.22	487.51	24.59	10.52	8.39
42.79	68.38	106.13	104.83	138.27	81.68	2.03	17.23
55.10	68.31	120.43	119.68	199.65	48.04	7.27	26.68
18.62	64.88	138.25	137.07	601.80	33.86	31.79	27.91
15.47	83.88	98.85	98.33	107.69	37.14	16.54	21.60
9.05	66.21	147.41	147.16	287.78	25.49	2.56	–1.85
67.75	49.33	157.48	156.82	505.80	29.35	9.96	37.81
18.68	56.88	138.99	137.82	213.59	44.22	–1.48	19.73
—	—	—	—	—	—	—	—

2011 年度全国旅游行业经济效益

地　区	财务效益				资产营运状况		
	净资产收益率(%)	总资产报酬率(%)	销售(营业)利润率(%)	成本费用利润率(%)	总资产周转率(%)	流动资产周转率(%)	存货周转率(次)
全　国	5.91	3.76	0.74	0.84	406.40	511.54	—
北　京	4.95	3.47	0.66	0.69	382.57	421.87	—
天　津	-1.39	-0.28	-0.08	-0.08	376.06	502.21	—
河　北	1.73	1.99	0.56	0.56	354.18	425.53	—
山　西	-1.05	-0.29	-0.16	-0.16	283.33	356.71	—
内蒙古	5.95	4.85	1.49	1.49	323.67	437.16	—
辽　宁	-0.10	0.72	0.30	0.22	213.57	386.18	—
吉　林	1.04	1.95	0.98	0.88	222.94	256.69	—
黑龙江	5.48	4.66	2.76	2.79	171.84	193.64	—
上　海	5.22	1.82	0.28	0.44	380.98	410.30	—
江　苏	14.33	9.19	2.32	2.41	352.00	621.98	—
浙　江	6.66	4.25	0.60	0.87	468.34	655.89	—
安　徽	8.74	5.61	0.88	0.99	555.56	683.95	—
福　建	1.69	1.73	0.18	0.44	381.18	483.70	—
江　西	4.08	3.18	0.48	0.52	604.99	784.75	—
山　东	2.65	2.30	0.49	0.54	408.28	528.13	—

评价主要财务指标表（经营非出境游旅行社）

	偿债能力状况				发展能力状况		
应收账款周转率(次)	资产负债率(%)	流动比率(%)	速动比率(%)	长期资产适合率(%)	销售增长率(%)	资本积累率(%)	总资产增长率(%)
21.61	58.03	141.38	140.59	269.96	20.74	5.71	15.61
13.47	66.41	137.77	137.37	551.25	10.82	4.64	21.16
26.93	44.34	173.98	173.62	252.55	12.83	–5.72	6.16
35.22	30.12	269.85	268.22	433.36	19.66	3.24	11.79
21.35	46.53	170.36	167.48	390.97	14.17	–2.18	15.14
23.55	36.65	202.03	200.03	296.04	38.60	3.62	17.00
21.88	46.98	126.50	123.01	156.82	42.23	1.23	10.57
18.22	35.06	244.35	243.51	528.39	38.56	–8.06	2.60
15.44	35.63	246.52	245.04	663.18	15.82	4.13	15.93
14.71	78.37	117.99	117.88	302.12	11.89	10.48	8.19
29.97	59.44	113.73	112.66	139.83	11.45	–4.71	15.88
29.62	57.44	134.29	133.69	218.74	6.05	10.37	13.40
22.97	48.79	165.41	164.29	373.15	20.58	9.16	16.31
20.90	51.21	157.10	156.79	318.68	40.87	17.43	34.58
51.36	37.15	197.37	196.75	272.21	45.32	–0.65	11.50
32.07	36.84	211.80	209.72	418.86	30.04	2.80	7.60

地　区	财务效益				资产营运状况		
	净资产收益率(%)	总资产报酬率(%)	销售(营业)利润率(%)	成本费用利润率(%)	总资产周转率(%)	流动资产周转率(%)	存　货周转率(次)
河　南	3.67	3.68	1.15	1.30	268.97	336.91	—
湖　北	6.59	5.06	0.94	0.96	508.44	650.04	—
湖　南	12.18	8.09	1.15	1.21	664.24	764.79	—
广　东	10.90	6.49	1.25	1.29	457.84	527.21	—
广　西	2.42	1.61	0.25	0.25	497.79	604.06	—
海　南	–4.79	–1.88	–0.60	–0.50	383.94	421.91	—
重　庆	5.24	3.80	0.32	0.36	665.04	964.60	—
四　川	5.80	3.51	0.91	0.93	379.82	515.46	—
贵　州	2.97	1.98	0.41	0.47	424.32	558.20	—
云　南	7.98	4.50	0.77	0.85	360.50	508.09	—
陕　西	2.58	1.74	0.36	0.35	486.18	553.99	—
甘　肃	4.91	3.64	1.92	1.40	260.75	360.02	—
青　海	–1.79	–1.12	–0.53	–0.54	209.05	319.79	—
宁　夏	27.97	16.58	3.62	3.93	433.48	499.29	—
新　疆	–1.37	–0.32	–0.17	–0.12	315.57	379.58	—
西　藏	—	—	—	—	—	—	—

续表

	偿债能力状况				发展能力状况		
应收账款周转率(次)	资产负债率(%)	流动比率(%)	速动比率(%)	长期资产适合率(%)	销售增长率(%)	资本积累率(%)	总资产增长率(%)
22.54	26.96	293.74	285.45	415.15	21.93	2.46	13.26
32.09	40.32	203.28	201.01	367.63	34.45	7.12	19.72
31.55	47.83	182.94	181.57	615.20	25.61	11.33	24.42
26.73	55.55	158.42	157.87	440.22	38.55	10.79	20.51
23.95	58.49	146.59	145.02	406.29	26.82	3.43	−4.06
19.02	60.98	149.28	148.85	500.84	44.94	0.29	28.69
45.59	61.92	109.86	109.68	230.08	44.69	22.52	31.00
33.10	50.93	154.20	152.90	265.94	27.48	6.93	25.04
23.43	53.83	152.39	151.91	236.37	39.35	18.19	31.21
15.36	69.70	107.48	107.04	159.81	35.08	16.95	30.42
22.00	48.88	179.21	178.59	574.42	44.27	5.81	29.14
13.46	35.97	205.54	201.47	273.45	30.01	3.11	11.98
25.13	32.36	208.27	205.73	217.59	36.98	−6.73	1.78
16.24	45.20	193.24	192.13	593.23	36.04	8.25	15.50
9.39	55.82	151.31	151.13	379.19	27.65	−1.31	12.56
—	—	—	—	—	—	—	—

2011 年度全国旅游行业经济效益

地区	财务效益				资产营运状况		
	净资产收益率(%)	总资产报酬率(%)	销售(营业)利润率(%)	成本费用利润率(%)	总资产周转率(%)	流动资产周转率(%)	存货周转率(次)
全国	3.02	2.91	4.17	4.75	41.63	121.14	5.14
北京	5.84	4.34	9.18	9.73	37.47	106.02	1.14
天津	−6.29	−1.90	−7.22	−8.70	31.57	111.65	7.91
河北	−0.22	0.30	−0.84	−0.04	40.33	106.24	6.89
山西	−4.11	−1.09	−4.64	−3.90	40.99	142.08	7.09
内蒙古	2.67	1.76	3.06	3.16	38.14	100.67	4.91
辽宁	2.78	2.33	5.58	6.20	34.21	93.55	5.93
吉林	0.61	1.21	1.07	1.33	36.67	160.92	8.49
黑龙江	0.69	1.43	3.17	3.35	37.30	164.23	5.17
上海	2.74	2.86	4.74	5.74	37.71	113.66	12.24
江苏	0.25	1.44	1.64	1.47	40.94	110.68	7.76
浙江	4.91	4.84	4.06	4.94	53.21	139.42	10.08
安徽	−0.20	1.39	0.26	0.70	33.23	94.36	5.44
福建	3.52	3.32	4.54	5.12	47.16	132.22	8.70
江西	0.96	1.36	0.67	1.53	35.26	107.95	4.63
山东	1.89	2.29	2.83	3.66	43.95	123.87	5.21

评价主要财务指标表（全部旅游饭店）

	偿债能力状况				发展能力状况		
应收账款周转率(次)	资产负债率(%)	流动比率(%)	速动比率(%)	长期资产适合率(%)	销售增长率(%)	资本积累率(%)	总资产增长率(%)
16.39	53.18	96.57	88.32	130.16	12.56	4.99	5.56
22.57	51.79	103.88	76.14	128.17	13.47	7.79	5.53
10.68	52.89	86.69	82.15	153.90	9.99	4.24	7.16
7.50	50.59	102.43	95.90	126.00	16.88	4.55	4.92
8.24	57.27	67.10	60.74	94.17	11.34	1.08	5.04
6.20	62.22	90.79	83.90	115.84	14.13	3.64	10.38
22.91	41.79	150.14	143.95	140.54	16.49	5.26	7.90
12.58	49.19	65.44	60.93	99.33	18.60	8.48	5.34
15.71	41.05	69.65	63.22	106.28	11.59	4.03	10.45
37.68	38.85	123.15	120.07	146.70	−7.72	1.80	−1.06
14.46	61.03	90.22	85.59	137.12	13.93	7.05	11.51
27.74	63.67	87.17	81.37	126.86	12.59	5.62	6.78
8.00	60.49	74.46	69.35	121.21	19.72	6.15	13.74
19.52	56.22	118.44	112.04	157.75	17.12	6.85	6.49
12.72	54.17	101.69	92.92	139.05	15.72	8.01	9.80
11.03	50.55	101.56	92.03	126.87	14.92	3.18	2.46

地　区	财务效益				资产营运状况		
	净资产收益率(%)	总资产报酬率(%)	销售(营业)利润率(%)	成本费用利润率(%)	总资产周转率(%)	流动资产周转率(%)	存　货周转率(次)
河　南	−2.12	0.22	−1.95	−1.56	43.04	144.06	6.29
湖　北	0.73	1.14	0.22	1.06	40.22	162.26	7.85
湖　南	2.55	2.94	3.44	4.03	38.23	133.13	6.68
广　东	5.83	4.38	7.06	8.37	45.87	129.94	9.16
广　西	−0.05	1.12	0.13	0.46	38.36	147.38	11.19
海　南	15.10	8.46	17.49	21.21	46.58	96.31	3.38
重　庆	4.59	3.10	5.31	6.48	33.52	77.06	5.99
四　川	5.18	3.98	6.54	7.40	43.39	122.76	5.66
贵　州	1.88	2.00	1.86	2.40	55.18	157.65	6.55
云　南	3.26	2.95	5.13	6.97	34.59	113.58	6.07
陕　西	3.89	2.80	4.78	4.83	44.62	159.59	6.07
甘　肃	2.83	2.11	3.82	4.18	39.69	134.82	5.03
青　海	1.14	1.12	1.62	2.37	38.16	151.89	3.22
宁　夏	−1.01	0.19	−2.00	−0.76	43.45	149.95	7.49
新　疆	0.50	1.20	1.68	2.06	42.39	143.81	7.86
西　藏	−1.61	−1.19	−13.34	−10.62	9.92	110.06	0.64

续表

	偿债能力状况				发展能力状况		
应收账款周转率(次)	资产负债率(%)	流动比率(%)	速动比率(%)	长期资产适合率(%)	销售增长率(%)	资本积累率(%)	总资产增长率(%)
6.90	56.76	72.20	64.62	101.92	13.91	3.01	5.50
12.72	57.65	74.82	69.91	119.19	12.86	–4.37	8.13
12.89	54.37	75.25	70.16	108.40	14.84	–0.80	2.26
23.38	50.30	118.69	112.91	156.77	18.15	9.02	2.57
14.37	47.84	79.15	75.57	124.25	13.37	3.48	2.79
31.10	49.92	116.55	109.25	142.24	17.99	7.97	2.59
22.98	66.79	106.98	102.24	148.24	15.73	3.43	9.65
14.03	52.08	96.47	90.52	128.72	19.36	6.90	12.53
16.84	45.54	97.43	89.53	119.61	16.50	18.47	7.70
16.12	38.64	116.48	108.69	138.06	16.43	3.16	2.26
12.83	53.44	75.00	68.03	103.02	12.67	2.96	–0.56
7.40	46.83	78.41	68.39	104.94	20.87	13.27	5.70
23.96	41.19	72.59	65.27	101.87	22.83	4.31	3.56
13.03	52.33	74.89	68.53	103.97	14.25	–2.86	0.86
18.57	44.45	80.38	73.11	98.21	20.19	2.39	3.43
6.55	22.13	88.99	69.77	104.41	25.31	–1.59	–1.03

2011 年度全国旅游行业经济效益

地区	财务效益				资产营运状况		
	净资产收益率(%)	总资产报酬率(%)	销售(营业)利润率(%)	成本费用利润率(%)	总资产周转率(%)	流动资产周转率(%)	存货周转率(次)
全国	6.36	4.70	10.06	11.12	35.99	101.97	2.49
北京	10.44	6.67	14.61	15.93	37.99	86.38	0.56
天津	-1.17	0.37	-5.78	-2.89	19.75	70.77	9.25
河北	-0.08	0.56	-0.61	-0.05	18.17	32.69	5.08
山西	-9.37	-5.42	-15.85	-13.87	33.72	165.72	5.98
内蒙古	3.88	1.78	4.37	4.60	36.61	121.77	8.54
辽宁	7.30	5.72	18.97	23.43	28.13	51.13	5.28
吉林	3.75	4.28	11.73	10.54	37.48	217.76	13.23
黑龙江	12.53	10.53	19.60	24.31	51.92	172.25	2.62
上海	2.64	2.96	7.35	8.46	30.07	110.58	13.72
江苏	2.17	2.33	5.90	4.03	33.03	85.86	5.22
浙江	7.95	4.73	6.47	8.88	35.93	127.92	3.37
安徽	-6.27	-1.03	-9.67	-8.51	21.68	63.99	3.26
福建	5.86	4.59	7.34	8.15	43.16	109.15	9.39
江西	4.77	3.63	4.72	5.42	28.38	65.47	7.10
山东	4.02	4.96	9.52	10.10	39.39	154.81	5.16

评价主要财务指标表（五星级饭店）

	偿债能力状况				发展能力状况		
应收账款周转率(次)	资产负债率(%)	流动比率(%)	速动比率(%)	长期资产适合率(%)	销售增长率(%)	资本积累率(%)	总资产增长率(%)
27.69	52.88	115.93	101.97	141.17	12.66	5.33	6.72
48.42	54.59	122.47	72.30	134.24	13.89	–0.09	7.12
4.60	44.52	141.38	138.65	180.20	25.79	43.32	20.79
6.13	55.62	238.51	232.97	192.69	12.37	3.08	–0.06
9.42	41.98	61.97	53.56	94.34	–11.51	–1.19	2.58
28.29	57.24	124.55	118.37	124.58	19.02	3.95	1.74
38.50	34.82	440.44	431.69	243.34	13.35	18.06	19.07
74.42	40.22	81.18	77.18	112.17	23.95	14.53	9.15
32.78	39.94	74.04	66.93	127.67	13.66	18.08	10.59
52.88	27.41	154.95	151.78	152.99	–3.90	2.57	–1.65
22.04	66.69	101.37	96.46	156.35	15.40	4.15	13.25
34.40	67.52	78.36	68.34	109.65	13.93	9.99	8.92
3.60	71.40	55.56	50.48	113.24	19.13	–5.32	21.68
28.95	59.51	180.72	173.23	203.25	23.30	5.27	4.34
28.48	69.10	289.26	283.39	317.33	13.19	16.83	1.73
18.85	50.23	90.54	83.05	121.25	12.99	5.84	0.73

地　区	财务效益				资产营运状况		
	净资产收益率(%)	总资产报酬率(%)	销售(营业)利润率(%)	成本费用利润率(%)	总资产周转率(%)	流动资产周转率(%)	存　货周转率(次)
河　南	0.82	1.71	1.75	2.63	31.10	191.34	9.21
湖　北	1.92	1.12	2.77	2.59	44.39	250.29	8.83
湖　南	5.37	4.63	10.36	11.34	22.95	73.74	6.51
广　东	10.85	7.16	13.61	15.78	47.81	138.35	9.88
广　西	1.73	2.77	2.85	3.50	35.44	160.95	14.76
海　南	29.03	15.99	26.77	36.58	57.81	115.13	9.82
重　庆	10.21	4.12	8.93	10.90	27.41	53.95	5.17
四　川	12.79	9.90	16.94	21.37	48.87	145.19	4.43
贵　州	−10.82	−6.80	−14.28	−12.47	47.75	338.06	2.95
云　南	10.23	8.60	16.93	24.39	35.42	85.93	2.61
陕　西	14.32	7.71	15.96	18.86	42.86	171.51	9.19
甘　肃	−6.93	−0.57	−8.89	−1.33	39.20	195.21	3.77
青　海	2.39	2.04	2.80	3.25	64.76	241.00	1.88
宁　夏	—	—	—	—	—	—	—
新　疆	3.74	3.09	7.46	8.04	41.20	153.15	8.28
西　藏	—	—	—	—	—	—	—

续表

	偿债能力状况				发展能力状况		
应收账款周转率(次)	资 产负债率(%)	流动比率(%)	速动比率(%)	长期资产适合率(%)	销 售增长率(%)	资 本积累率(%)	总资产增长率(%)
13.65	57.28	60.21	52.66	125.49	36.42	7.15	8.35
41.85	49.92	114.57	107.41	139.45	11.25	–5.47	16.73
30.62	61.71	75.66	73.28	97.53	14.71	15.09	10.16
30.86	50.05	110.68	105.10	156.54	12.30	5.40	5.31
13.90	50.39	78.41	75.63	101.34	10.04	3.98	–0.33
43.76	49.49	128.27	125.33	151.15	20.95	12.11	6.87
57.97	80.38	122.46	119.67	166.85	22.79	7.61	9.42
14.69	39.72	121.07	115.55	149.23	25.45	2.92	13.54
44.91	27.48	52.57	38.75	87.30	1.23	51.04	9.15
21.80	32.24	224.78	210.19	176.65	16.98	10.10	8.12
49.28	58.59	99.31	95.15	102.51	13.43	12.96	5.78
8.85	91.68	30.27	25.47	36.43	15.62	–19.39	–20.96
—	45.97	92.79	68.70	96.93	34.87	4.51	–1.25
—	—	—	—	—	—	—	—
32.29	42.00	66.84	61.11	85.07	11.47	2.84	–3.46
—	—	—	—	—	—	—	—

2011 年度全国旅游行业经济效益

地　区	财务效益				资产营运状况		
	净资产收益率(%)	总资产报酬率(%)	销售(营业)利润率(%)	成本费用利润率(%)	总资产周转率(%)	流动资产周转率(%)	存　货周转率(次)
全　国	1.48	2.35	2.20	2.67	43.78	126.39	8.65
北　京	4.18	3.34	6.66	7.35	35.98	125.00	8.37
天　津	-15.84	-5.66	-14.02	-21.82	27.30	157.12	5.05
河　北	1.04	0.75	0.33	1.34	43.07	133.56	6.94
山　西	-6.17	-1.01	-5.91	-5.23	37.88	104.99	7.00
内蒙古	-4.63	-0.08	-1.38	-3.06	39.26	100.57	5.26
辽　宁	-1.80	-0.58	-2.58	-2.18	32.44	169.81	5.30
吉　林	-0.02	0.69	-5.19	0.02	34.02	136.29	5.14
黑龙江	-2.31	-1.32	-5.10	-4.64	29.04	201.07	5.23
上　海	4.25	3.85	5.22	6.04	43.90	120.76	12.51
江　苏	-1.73	0.59	-1.75	-0.49	44.47	120.30	8.50
浙　江	7.26	7.42	5.55	6.21	66.45	142.12	22.28
安　徽	1.70	2.50	2.73	3.27	37.17	102.70	7.13
福　建	3.52	3.32	4.51	5.05	49.18	144.33	8.85
江　西	0.31	0.82	0.03	0.89	33.99	119.14	4.41
山　东	-0.23	0.60	-0.66	0.29	41.82	117.06	6.23

评价主要财务指标表（四星级饭店）

	偿债能力状况				发展能力状况		
应收账款周转率(次)	资产负债率(%)	流动比率(%)	速动比率(%)	长期资产适合率(%)	销售增长率(%)	资本积累率(%)	总资产增长率(%)
16.44	55.71	90.12	85.07	124.89	12.66	2.21	4.30
12.10	56.61	76.75	73.11	106.08	13.65	2.14	−2.14
16.98	61.15	49.69	44.32	141.40	3.34	−15.67	2.15
7.82	52.37	75.97	70.21	109.28	20.62	6.54	3.99
7.25	65.00	85.32	79.58	103.99	13.16	−3.58	5.08
4.79	73.77	76.02	71.53	98.98	11.42	−0.71	6.73
16.74	51.44	50.41	46.17	79.94	18.24	−10.86	−2.35
15.02	61.37	54.57	49.22	87.81	22.23	1.55	−1.57
12.31	33.26	63.61	53.59	108.20	7.66	1.92	5.07
35.46	51.17	105.74	102.74	140.17	−8.17	−1.50	−2.37
11.99	59.94	80.27	76.12	123.19	13.33	6.57	9.62
33.18	62.26	102.05	98.61	148.48	13.54	5.83	7.23
12.38	53.50	95.51	90.85	128.94	19.17	14.61	8.02
19.91	52.84	106.27	100.42	147.40	15.31	11.54	12.87
23.12	53.44	79.50	73.63	113.99	12.80	9.80	18.99
11.91	49.08	114.61	106.53	136.99	14.84	1.74	4.18

地　区	财务效益				资产营运状况		
	净资产收益率(%)	总资产报酬率(%)	销售(营业)利润率(%)	成本费用利润率(%)	总资产周转率(%)	流动资产周转率(%)	存　货周转率(次)
河　南	−4.66	−0.56	−4.52	−4.29	36.01	112.51	5.25
湖　北	0.54	1.64	−0.05	0.91	36.10	144.20	8.40
湖　南	2.44	2.57	3.70	3.90	45.27	157.71	6.33
广　东	−0.26	1.58	0.92	1.17	43.55	114.69	6.69
广　西	−1.85	−0.31	−2.82	−2.54	33.29	121.19	8.81
海　南	−0.54	0.04	0.09	−0.38	26.69	53.28	1.07
重　庆	2.94	2.58	3.98	5.44	34.32	97.01	7.08
四　川	3.07	2.65	4.34	4.69	39.46	97.68	5.96
贵　州	4.33	3.13	3.15	4.07	61.77	154.23	6.46
云　南	1.31	1.42	2.88	2.89	37.95	128.09	7.42
陕　西	4.37	2.74	4.57	4.46	41.77	157.77	3.53
甘　肃	−0.61	0.27	−0.75	−0.80	33.98	117.14	3.89
青　海	1.38	1.61	0.38	2.32	51.34	228.78	4.86
宁　夏	−1.72	−0.79	−5.40	−2.49	34.31	123.84	6.46
新　疆	−10.82	−6.37	−17.96	−15.02	36.95	134.55	7.99
西　藏	1.01	1.13	4.40	4.60	25.70	161.72	1.19

续表

	偿债能力状况				发展能力状况		
应收账款周转率(次)	资产负债率(%)	流动比率(%)	速动比率(%)	长期资产适合率(%)	销售增长率(%)	资本积累率(%)	总资产增长率(%)
7.50	62.10	70.76	64.29	97.53	14.20	2.81	12.70
11.99	61.33	66.84	63.34	113.53	18.80	–6.03	4.43
18.73	49.50	86.23	79.64	118.74	10.57	–11.98	–4.51
26.83	67.12	112.72	106.94	143.17	9.56	–3.58	5.65
16.20	47.38	75.24	72.06	166.85	15.74	6.73	5.43
21.34	50.90	110.87	96.49	135.13	12.72	0.73	–6.09
29.34	43.62	128.83	121.81	160.90	23.97	–4.56	0.07
19.11	56.80	99.46	94.94	129.94	19.02	5.17	7.08
25.65	53.71	105.99	98.45	143.87	19.67	3.12	3.92
19.24	39.38	109.77	102.23	136.98	16.29	2.90	–2.41
18.56	59.67	60.47	52.57	95.09	24.01	–0.07	1.32
5.86	42.72	100.55	88.71	112.83	21.87	21.72	12.66
25.06	39.36	70.53	62.20	114.30	19.47	6.68	7.79
24.97	47.03	85.82	78.76	112.07	14.51	–3.89	–0.05
13.83	41.09	86.82	77.18	102.59	24.24	–5.27	2.51
—	4.62	451.33	377.43	115.76	10.02	0.92	1.39

2011 年度全国旅游行业经济效益

地　区	财务效益				资产营运状况		
	净资产收益率(%)	总资产报酬率(%)	销售(营业)利润率(%)	成本费用利润率(%)	总资产周转率(%)	流动资产周转率(%)	存　货周转率(次)
全　国	0.51	1.24	0.62	1.19	46.59	140.76	7.96
北　京	−0.22	0.42	−0.04	0.39	37.32	146.41	8.74
天　津	−0.69	0.99	−2.23	−0.43	48.33	111.69	10.71
河　北	−0.01	0.57	−0.20	0.25	50.66	145.84	7.60
山　西	1.29	0.83	0.39	1.40	46.47	182.72	8.23
内蒙古	2.50	1.89	2.55	3.32	38.08	83.69	3.59
辽　宁	−1.50	−0.01	−1.64	−1.30	45.80	182.70	7.87
吉　林	−4.54	−3.47	−9.95	−9.99	38.05	120.31	8.72
黑龙江	−3.34	−0.89	−3.20	−3.12	38.95	119.31	7.47
上　海	−3.62	−0.74	−5.34	−3.42	38.65	110.67	10.38
江　苏	1.66	1.79	1.79	2.04	58.40	140.75	11.36
浙　江	−0.84	1.18	−0.43	0.08	49.60	144.64	14.85
安　徽	3.59	4.05	4.70	5.41	51.25	127.27	6.79
福　建	1.19	2.45	2.19	2.99	53.77	124.27	9.25
江　西	0.70	0.74	0.03	0.93	40.69	131.62	4.29
山　东	3.80	2.60	3.18	4.02	51.88	122.93	6.00

评价主要财务指标表（三星级饭店）

	偿债能力状况				发展能力状况		
应收账款周转率(次)	资产负债率(%)	流动比率(%)	速动比率(%)	长期资产适合率(%)	销售增长率(%)	资本积累率(%)	总资产增长率(%)
11.34	50.13	84.95	78.72	122.64	11.36	7.33	4.83
19.77	37.56	92.85	87.72	169.01	11.40	36.91	5.60
13.88	49.25	129.27	123.43	183.90	8.04	–3.03	–0.19
7.72	38.77	100.75	92.39	115.92	14.65	7.26	11.52
8.67	56.12	54.74	48.90	89.88	19.83	6.46	5.78
4.92	67.06	80.65	73.73	102.71	10.39	1.22	24.41
16.44	45.14	72.75	66.36	113.35	16.98	1.01	2.98
4.49	47.44	77.05	72.45	100.27	7.29	5.01	7.01
16.81	55.65	73.09	70.08	86.66	17.33	–2.32	20.94
23.14	54.18	83.77	80.89	112.07	–15.60	1.67	2.64
11.64	57.26	94.03	88.97	133.42	10.03	14.55	8.97
21.34	59.85	71.29	68.11	121.87	9.75	3.35	3.26
11.27	49.13	96.28	89.54	121.21	18.30	3.34	14.30
12.00	46.54	112.12	105.59	138.00	12.55	2.46	2.30
7.02	45.83	83.84	69.91	114.39	20.61	3.24	3.00
8.92	53.93	92.86	83.45	111.73	16.53	4.32	0.30

地　区	财务效益				资产营运状况		
	净资产收益率(%)	总资产报酬率(%)	销售(营业)利润率(%)	成本费用利润率(%)	总资产周转率(%)	流动资产周转率(%)	存　货周转率(次)
河　南	–0.77	0.90	–0.63	–0.19	51.63	156.69	5.91
湖　北	–0.84	0.26	–1.84	–0.61	41.94	148.53	7.17
湖　南	1.32	1.85	0.67	1.74	48.51	182.31	6.89
广　东	2.52	2.46	3.59	3.97	54.85	153.01	11.60
广　西	1.32	1.69	1.57	1.88	51.91	185.17	11.65
海　南	–2.82	0.13	–1.18	–0.36	34.53	127.20	7.50
重　庆	0.99	1.47	1.58	2.07	48.61	125.06	5.86
四　川	0.32	1.71	1.03	1.23	45.69	164.09	5.56
贵　州	–0.02	1.26	0.20	0.72	46.71	145.16	7.52
云　南	–0.25	0.64	–0.28	—	35.23	129.28	8.52
陕　西	–0.07	0.63	0.22	0.08	52.09	162.19	7.54
甘　肃	5.94	4.10	7.15	8.04	46.67	147.75	5.84
青　海	0.11	0.23	1.92	0.46	22.86	87.36	2.17
宁　夏	0.80	1.74	1.16	1.22	53.18	171.58	10.72
新　疆	9.38	5.83	9.86	11.29	48.22	151.72	8.27
西　藏	–2.23	–1.62	–25.69	–18.69	6.95	89.61	0.49

续表

	偿债能力状况				发展能力状况		
应收账款周转率(次)	资产负债率(%)	流动比率(%)	速动比率(%)	长期资产适合率(%)	销售增长率(%)	资本积累率(%)	总资产增长率(%)
5.67	54.85	80.56	70.83	109.49	11.86	4.68	3.05
9.20	58.61	78.21	72.35	117.15	8.85	−3.40	8.43
9.46	48.66	72.78	65.15	113.60	16.54	−2.15	0.18
18.01	37.96	129.84	123.73	167.19	17.20	6.36	−4.10
14.63	41.24	107.02	99.78	121.77	12.57	−0.51	2.84
15.71	37.09	79.68	76.50	135.53	13.61	−0.54	9.26
9.79	54.56	89.11	80.03	133.71	−1.09	12.00	21.10
11.51	51.99	75.26	66.11	116.89	21.21	5.32	8.46
11.87	47.91	76.88	70.60	103.43	13.83	30.88	12.08
11.46	38.56	85.23	79.75	119.79	16.19	−1.49	0.15
8.55	47.55	77.54	69.60	102.85	6.56	4.06	−5.10
8.38	43.96	90.31	79.38	112.84	20.58	13.81	8.40
13.77	40.71	67.42	62.52	90.47	22.12	2.63	−1.97
9.04	57.36	69.81	64.81	97.04	12.54	−0.63	2.65
17.94	47.76	86.66	80.21	104.37	29.51	10.60	10.64
3.82	25.47	67.21	51.28	102.33	38.75	−2.18	−1.47

2011 年度全国旅游行业经济效益

地　区	财务效益				资产营运状况		
	净资产收益率(%)	总资产报酬率(%)	销售(营业)利润率(%)	成本费用利润率(%)	总资产周转率(%)	流动资产周转率(%)	存　货周转率(次)
全　国	2.34	2.27	2.61	3.19	48.42	133.70	7.37
北　京	1.15	1.41	1.58	1.56	75.87	187.27	11.71
天　津	–10.98	–3.85	–21.14	–18.23	19.81	77.10	6.67
河　北	–5.17	–1.77	–4.88	–4.27	45.07	127.83	10.88
山　西	0.64	1.00	0.22	0.84	62.87	140.36	5.95
内蒙古	6.20	4.27	7.94	9.48	44.68	117.32	4.66
辽　宁	3.06	2.42	–0.76	2.93	81.91	343.19	12.70
吉　林	–4.74	–3.34	–6.35	–5.99	52.18	253.50	33.39
黑龙江	6.38	3.93	7.68	8.05	49.85	221.81	7.04
上　海	–6.12	–0.08	–8.53	–4.67	33.04	78.13	9.85
江　苏	6.08	4.10	6.14	6.57	62.99	177.57	10.38
浙　江	3.40	3.16	3.10	3.58	62.41	163.95	11.32
安　徽	1.38	2.03	2.13	2.80	43.71	130.88	7.88
福　建	–1.31	–0.10	–1.41	–0.79	54.68	119.86	11.56
江　西	–1.88	–0.30	–2.11	–1.40	55.85	212.80	7.13
山　东	–2.82	–0.10	–2.40	–2.55	38.85	71.74	1.41

评价主要财务指标表（二星级饭店）

	偿债能力状况				发展能力状况		
应收账款周转率(次)	资　产负债率(%)	流动比率(%)	速动比率(%)	长期资产适合率(%)	销　售增长率(%)	资　本积累率(%)	总资产增长率(%)
8.74	51.37	89.81	82.14	118.07	9.91	3.56	6.74
35.85	45.40	84.16	78.24	112.92	13.13	4.47	8.75
13.55	64.29	38.31	36.62	55.66	6.14	−10.41	14.51
5.82	59.61	79.43	75.16	128.61	−0.51	−11.68	13.43
7.62	53.65	106.33	92.73	123.92	14.94	9.95	13.22
2.89	38.98	115.99	96.99	146.04	17.02	13.10	5.90
81.23	34.24	72.78	67.64	89.07	13.53	3.03	−2.41
5.70	30.97	92.78	86.26	103.98	−1.34	−1.33	1.29
6.62	47.48	52.49	44.22	103.07	10.87	3.48	18.83
26.85	66.17	91.26	88.88	142.26	−10.13	1.92	0.63
10.62	43.90	90.67	80.30	114.72	9.05	2.17	6.46
16.65	56.59	75.72	70.27	102.90	3.04	8.83	10.13
10.18	54.02	69.72	65.46	106.92	9.43	−0.27	5.23
8.86	42.34	129.34	124.36	172.34	10.86	10.05	10.30
14.28	35.13	101.81	87.66	137.30	19.39	5.39	16.57
7.99	60.45	92.92	65.70	128.34	21.58	−7.24	4.56

地　区	财务效益				资产营运状况		
	净资产收益率(%)	总资产报酬率(%)	销售(营业)利润率(%)	成本费用利润率(%)	总资产周转率(%)	流动资产周转率(%)	存　货周转率(次)
河　南	0.26	1.21	0.27	0.68	65.85	200.67	11.88
湖　北	1.14	1.59	–0.43	1.36	53.26	177.89	11.18
湖　南	5.70	4.34	5.68	6.73	54.30	164.46	7.05
广　东	2.11	3.24	4.26	3.59	39.51	82.37	13.61
广　西	0.78	1.00	1.10	1.33	46.10	163.31	13.76
海　南	–0.48	0.85	–0.08	–0.13	26.22	124.90	2.06
重　庆	5.33	4.70	5.62	6.59	45.29	164.31	10.05
四　川	7.19	4.44	7.59	8.79	47.87	110.02	7.99
贵　州	11.04	8.43	14.25	17.15	53.42	125.71	9.65
云　南	2.70	2.26	5.39	5.39	32.39	119.06	7.31
陕　西	0.63	0.96	0.81	0.73	51.00	186.48	5.46
甘　肃	1.63	1.28	2.20	2.64	33.32	105.32	4.71
青　海	3.27	2.19	7.89	8.74	26.12	152.84	18.57
宁　夏	–15.29	–3.94	–6.32	–5.56	66.65	274.09	2.18
新　疆	9.19	7.16	11.58	13.45	49.26	101.09	10.96
西　藏	—	—	—	—	—	—	—

续表

	偿债能力状况				发展能力状况		
应收账款周转率(次)	资产负债率(%)	流动比率(%)	速动比率(%)	长期资产适合率(%)	销售增长率(%)	资本积累率(%)	总资产增长率(%)
7.22	57.55	66.68	60.46	95.43	13.72	2.94	−7.51
14.09	46.68	101.96	94.00	127.22	10.98	1.21	0.76
5.42	43.15	93.27	83.56	113.74	16.36	5.35	2.75
3.74	59.68	151.76	147.96	210.69	6.38	1.05	−5.26
15.62	39.04	93.97	90.07	119.62	13.53	−1.43	−2.29
2.91	47.28	209.40	198.37	118.39	4.60	−0.48	0.99
13.80	49.61	94.30	88.47	116.49	18.46	5.58	8.45
10.06	60.13	98.46	93.20	125.20	−0.15	9.37	40.50
9.64	28.25	195.51	186.75	150.60	30.24	11.07	6.62
12.28	43.80	102.80	95.34	110.76	18.82	3.49	7.17
7.53	51.80	65.82	56.08	106.09	8.77	−9.06	−8.37
6.24	53.81	61.71	51.96	86.28	21.73	1.77	−1.23
64.05	42.27	60.35	58.98	102.84	15.78	−1.46	22.86
33.30	73.75	32.28	19.89	50.30	33.13	−14.38	−7.06
20.66	52.08	110.09	105.61	150.40	32.51	17.64	16.95
—	—	—	—	—	—	—	—

2011 年度全国旅游行业经济效益

地　区	财务效益				资产营运状况		
	净资产收益率(%)	总资产报酬率(%)	销售(营业)利润率(%)	成本费用利润率(%)	总资产周转率(%)	流动资产周转率(%)	存　货周转率(次)
全　国	0.73	1.42	1.06	1.65	53.83	202.78	6.56
北　京	—	—	—	—	—	—	—
天　津	-31.62	-23.95	-22.23	-18.41	106.40	839.35	8.05
河　北	5.46	5.06	1.73	4.52	93.62	151.77	2.61
山　西	—	—	—	—	—	—	—
内蒙古	3.87	4.31	10.63	11.90	40.55	589.57	23.33
辽　宁	-0.28	0.18	0.44	0.44	41.43	175.59	7.19
吉　林	-8.06	-4.81	-5.21	-13.37	34.23	67.17	—
黑龙江	4.00	3.12	4.49	4.70	59.53	329.16	45.67
上　海	0.21	0.16	0.62	0.27	59.09	136.17	1.37
江　苏	23.57	2.84	10.88	12.21	26.06	—	—
浙　江	3.34	5.11	1.07	3.74	92.95	155.10	3.96
安　徽	-3.48	-2.84	-5.88	-5.55	48.26	196.45	5.09
福　建	2.29	3.00	6.69	7.46	43.07	286.87	9.95
江　西	—	—	—	—	—	—	—
山　东	—	—	—	—	—	—	—

评价主要财务指标表（一星级饭店）

	偿债能力状况				发展能力状况		
应收账款周转率(次)	资产负债率(%)	流动比率(%)	速动比率(%)	长期资产适合率(%)	销售增长率(%)	资本积累率(%)	总资产增长率(%)
16.04	38.72	78.08	65.57	104.12	11.19	1.50	0.94
—	—	—	—	—	—	—	—
37.44	19.77	86.09	58.60	97.04	16.43	17.14	4.05
6.11	42.12	238.32	169.56	208.73	30.66	5.61	2.78
—	—	—	—	—	—	—	—
27.98	2.52	282.83	217.89	107.05	−44.33	0.49	−0.64
19.12	15.40	161.74	149.46	122.60	8.31	−0.28	−0.68
—	43.46	111.62	111.62	109.80	−5.43	−7.75	2.71
8.25	35.18	55.58	53.61	86.93	10.18	6.69	0.47
439.67	31.85	149.30	148.85	183.38	−22.04	0.21	20.54
268.70	89.51	40.59	40.59	97.55	—	26.72	1.54
11.46	31.61	202.75	160.13	169.09	−3.92	0.92	−7.39
6.97	19.50	98.55	94.80	107.37	35.09	−3.42	−0.75
40.46	4.46	398.28	360.74	216.53	34.97	8.98	12.58
—	—	—	—	—	—	—	—
—	—	—	—	—	—	—	—

地　区	财务效益				资产营运状况		
	净资产收益率(%)	总资产报酬率(%)	销售(营业)利润率(%)	成本费用利润率(%)	总资产周转率(%)	流动资产周转率(%)	存　货周转率(次)
河　南	22.53	2.08	0.91	0.92	227.84	522.75	—
湖　北	-3.06	-1.32	-5.53	-5.24	23.85	160.32	10.36
湖　南	13.64	12.25	9.48	13.66	87.35	381.94	5.96
广　东	-69.82	-7.93	-63.79	-33.55	14.44	213.60	1.60
广　西	—	—	—	—	—	—	—
海　南	-21.92	-9.38	-43.56	-32.57	20.05	35.68	0.01
重　庆	-6.50	-2.56	-6.91	-2.79	85.72	312.45	10.31
四　川	—	—	—	—	—	—	—
贵　州	—	—	—	—	—	—	—
云　南	8.15	6.36	12.37	14.12	45.03	204.76	27.56
陕　西	—	—	—	—	—	—	—
甘　肃	0.71	0.73	2.42	1.92	16.60	332.93	5.59
青　海	—	—	—	—	—	—	—
宁　夏	—	—	—	—	—	—	—
新　疆	18.52	7.23	6.85	7.37	81.43	297.27	6.31
西　藏	—	—	—	—	—	—	—

续表

	偿债能力状况				发展能力状况		
应收账款周转率(次)	资产负债率(%)	流动比率(%)	速动比率(%)	长期资产适合率(%)	销售增长率(%)	资本积累率(%)	总资产增长率(%)
—	90.06	56.48	56.48	44.80	—	18.92	1.35
11.56	44.23	42.18	38.18	107.57	-17.22	-5.50	2.28
76.42	28.44	113.88	68.53	120.69	14.95	5.74	3.05
6.71	91.53	8.42	4.31	9.18	107.25	-51.75	-22.54
—	—	—	—	—	—	—	—
13.55	62.93	81.47	55.40	84.45	-3.99	-19.76	5.60
6.30	55.31	51.86	44.89	62.66	-2.90	26.05	-3.25
—	—	—	—	—	—	—	—
—	—	—	—	—	—	—	—
44.57	34.05	59.94	57.18	109.79	9.69	-0.20	1.20
—	—	—	—	—	—	—	—
17.03	57.21	9.57	7.15	54.26	7.46	0.39	2.38
—	—	—	—	—	—	—	—
—	—	—	—	—	—	—	—
15.72	71.88	35.80	27.05	55.02	12.79	13.81	3.20
—	—	—	—	—	—	—	—

2011 年度全国旅游行业经济效益

地 区	财务效益				资产营运状况		
	净资产收益率(%)	总资产报酬率(%)	销售(营业)利润率(%)	成本费用利润率(%)	总资产周转率(%)	流动资产周转率(%)	存 货周转率(次)
全 国	1.42	1.68	0.75	2.24	41.55	136.17	5.37
北 京	2.69	2.16	5.57	6.09	33.10	144.38	12.47
天 津	2.18	1.21	1.49	1.51	81.16	295.77	20.79
河 北	–26.77	–11.81	–14.38	–11.53	89.68	283.38	5.17
山 西	–27.59	–2.67	–38.16	–27.54	15.87	177.68	4.47
内蒙古	–5.74	5.15	–2.46	–5.09	20.22	32.62	3.75
辽 宁	–3.32	–1.98	–3.70	–3.24	58.99	286.70	5.43
吉 林	–0.83	1.27	0.48	0.83	33.67	257.78	11.90
黑龙江	–21.52	–10.58	–24.66	–19.68	43.12	102.70	7.92
上 海	7.79	4.94	6.76	8.11	62.79	119.38	10.99
江 苏	–2.40	–1.17	–4.50	–4.52	30.18	177.79	10.89
浙 江	–1.03	2.02	–0.35	0.53	48.88	126.03	2.40
安 徽	–15.72	–1.77	–21.04	–17.34	9.00	43.28	1.71
福 建	1.26	1.40	1.62	1.85	42.19	224.55	5.65
江 西	–6.70	–2.06	–18.26	–5.91	26.24	59.15	5.94
山 东	6.18	5.58	5.54	10.91	50.36	139.82	4.17

评价主要财务指标表（未评星级饭店）

	偿债能力状况				发展能力状况		
应收账款周转率(次)	资产负债率(%)	流动比率(%)	速动比率(%)	长期资产适合率(%)	销售增长率(%)	资本积累率(%)	总资产增长率(%)
20.16	52.61	85.12	78.67	128.45	18.12	10.60	7.66
37.31	47.21	143.55	141.46	116.69	16.89	13.60	58.10
14.73	54.61	50.83	49.25	73.43	31.11	2.21	1.13
9.06	61.86	51.68	37.68	96.61	19.38	–24.85	–1.25
—	80.84	9.97	8.30	22.54	31.70	–24.53	–2.88
0.86	84.36	80.66	78.44	75.67	–3.75	–10.01	25.45
67.87	38.79	99.06	83.00	106.10	26.88	–3.11	0.91
36.49	74.81	13.55	12.40	30.77	31.90	9.88	21.63
19.57	57.59	91.07	84.09	102.21	–16.21	–21.12	21.99
34.56	40.79	159.70	156.05	182.08	–9.36	4.43	0.73
23.13	40.53	61.21	57.84	119.72	30.29	9.90	17.76
17.49	73.40	84.18	67.91	136.42	17.43	–7.65	5.74
9.58	91.47	17.63	12.57	98.50	—	–16.77	26.75
24.87	73.61	51.36	45.17	116.41	16.17	–1.19	–1.68
9.72	72.05	169.80	165.78	158.64	2.52	–6.48	13.50
5.71	40.98	92.62	79.82	145.66	11.21	5.17	5.55

地　区	财务效益				资产营运状况		
	净资产收益率(%)	总资产报酬率(%)	销售(营业)利润率(%)	成本费用利润率(%)	总资产周转率(%)	流动资产周转率(%)	存　货周转率(次)
河　南	-2.05	-1.05	-4.61	-3.65	31.82	157.46	5.84
湖　北	29.05	5.95	42.22	73.05	14.07	77.83	0.81
湖　南	-15.67	-3.40	-15.04	-12.54	36.17	230.06	7.27
广　东	1.59	2.21	-2.15	2.75	36.34	114.63	8.18
广　西	-12.16	-0.39	-6.88	-6.10	35.29	111.38	11.74
海　南	54.35	15.20	16.10	19.47	93.09	152.43	8.01
重　庆	-1.17	-0.10	-0.23	-0.33	35.78	160.05	5.50
四　川	-1.62	-0.04	-2.52	-1.88	31.03	97.93	4.17
贵　州	-8.52	-3.87	-1.55	-2.68	147.68	284.68	4.42
云　南	-1.92	-0.09	-21.75	-4.58	16.41	123.16	10.33
陕　西	-3.08	-2.00	-14.87	-12.89	13.75	57.14	13.70
甘　肃	-1.12	-1.00	20.92	-4.73	26.85	286.08	1.88
青　海	18.48	5.17	16.42	19.58	31.57	37.44	37.02
宁　夏	—	—	—	—	—	—	—
新　疆	11.52	8.16	7.64	8.90	53.05	115.46	1.75
西　藏	—	—	—	—	—	—	—

续表

	偿债能力状况				发展能力状况		
应收账款周转率(次)	资产负债率(%)	流动比率(%)	速动比率(%)	长期资产适合率(%)	销售增长率(%)	资本积累率(%)	总资产增长率(%)
10.87	40.16	58.85	51.92	84.82	7.95	−2.69	−3.10
12.00	79.77	23.87	21.48	31.76	51.64	11.30	9.07
14.23	68.54	28.45	24.96	104.53	34.68	−14.27	−2.54
24.92	37.46	147.06	140.42	162.06	80.57	36.97	−1.60
6.30	81.25	39.59	38.31	63.47	27.73	−9.51	10.79
36.74	66.51	116.90	113.49	134.16	17.20	74.57	11.83
34.06	75.12	30.48	26.96	52.09	18.98	0.70	20.00
13.29	55.48	84.94	79.72	115.24	31.42	57.93	27.95
31.55	40.26	228.12	188.48	187.69	8.11	−7.03	−2.59
14.87	47.08	39.96	37.53	167.79	7.82	−6.64	4.11
41.21	36.07	72.63	71.61	169.09	9.60	−3.21	3.26
—	10.02	75.63	67.91	97.47	31.58	1.89	2.03
41.54	72.24	177.03	175.92	371.72	156.91	20.36	22.33
—	—	—	—	—	—	—	—
3.90	76.00	187.23	146.41	188.15	−0.76	10.60	64.71
—	—	—	—	—	—	—	—

2011 年度全国旅游行业经济效益

地　区	财务效益				资产营运状况		
	净资产收益率(%)	总资产报酬率(%)	销售(营业)利润率(%)	成本费用利润率(%)	总资产周转率(%)	流动资产周转率(%)	存　货周转率(次)
全　国	10.80	5.92	9.71	11.23	47.15	94.53	1.08
北　京	11.72	5.43	3.58	4.05	99.04	197.18	3.04
天　津	—	—	—	—	—	—	—
河　北	—	—	—	—	—	—	—
山　西	—	—	—	—	—	—	—
内蒙古	0.24	0.18	0.36	0.39	47.39	239.84	8.46
辽　宁	1.24	1.53	3.29	6.63	23.39	98.84	2.16
吉　林	7.15	3.91	14.30	14.92	30.44	49.74	1.11
黑龙江	-6.18	-0.35	-19.43	-1.23	23.99	76.49	20.65
上　海	1.79	1.63	2.69	4.28	38.01	128.24	23.82
江　苏	17.30	8.80	1.81	1.86	238.39	396.83	10.79
浙　江	13.21	7.44	11.30	13.90	43.60	84.17	1.40
安　徽	18.17	6.49	20.77	25.92	28.00	61.70	0.98
福　建	—	—	—	—	—	—	—
江　西	—	—	—	—	—	—	—
山　东	-40.65	-4.78	-54.33	-32.81	9.43	130.90	37.72

评价主要财务指标表（旅游集团）

	偿债能力状况				发展能力状况		
应收账款周转率(次)	资产负债率(%)	流动比率(%)	速动比率(%)	长期资产适合率(%)	销售增长率(%)	资本积累率(%)	总资产增长率(%)
46.16	64.77	124.97	63.80	196.31	12.76	14.40	16.48
49.26	67.23	94.50	64.32	128.21	9.24	5.97	8.26
—	—	—	—	—	—	—	—
—	—	—	—	—	—	—	—
—	—	—	—	—	—	—	—
11.57	47.47	86.53	69.70	114.60	8.75	0.25	14.25
111.26	30.49	90.18	88.64	133.10	12.37	19.98	31.54
42.30	64.30	163.89	136.56	236.55	93.05	43.73	3.47
4.80	96.54	40.84	39.87	50.74	24.51	–17.02	27.85
48.62	28.66	128.63	126.05	148.27	14.06	6.86	11.31
89.11	77.44	110.75	71.72	220.04	22.71	25.26	9.80
44.63	72.04	115.12	72.32	184.65	18.38	19.07	6.42
44.60	65.97	147.30	94.21	233.88	10.63	18.42	30.59
—	—	—	—	—	—	—	—
—	—	—	—	—	—	—	—
—	91.32	7.01	6.76	69.65	187.48	–33.82	16.93

地区	财务效益				资产营运状况		
	净资产收益率(%)	总资产报酬率(%)	销售(营业)利润率(%)	成本费用利润率(%)	总资产周转率(%)	流动资产周转率(%)	存货周转率(次)
河南	–2.90	–1.78	–28.00	–20.41	6.83	8.61	—
湖北	5.44	3.67	10.26	12.26	32.28	103.95	19.84
湖南	—	—	—	—	—	—	—
广东	21.54	8.44	24.97	32.36	31.13	50.03	0.31
广西	3.49	3.49	12.57	15.88	17.12	54.49	1.99
海南	—	—	—	—	—	—	—
重庆	0.24	0.70	–0.36	1.07	21.15	125.33	55.05
四川	0.42	1.83	2.53	5.21	15.70	37.96	1.62
贵州	—	—	—	—	—	—	—
云南	9.98	10.04	26.11	35.01	32.73	134.28	40.16
陕西	2.19	2.50	2.45	3.22	39.87	72.76	1.51
甘肃	—	—	—	—	—	—	—
青海	7.64	4.22	16.60	18.41	23.69	67.95	27.22
宁夏	—	—	—	—	—	—	—
新疆	—	—	—	—	—	—	—
西藏	—	—	—	—	—	—	—

续表

	偿债能力状况				发展能力状况		
应收账款周转率(次)	资产负债率(%)	流动比率(%)	速动比率(%)	长期资产适合率(%)	销售增长率(%)	资本积累率(%)	总资产增长率(%)
185.24	54.45	—	—	327.39	—	-2.85	99.88
73.76	47.28	98.83	96.16	184.88	20.14	15.74	11.61
—	—	—	—	—	—	—	—
77.21	71.17	162.31	34.05	269.62	0.04	23.00	29.30
4.56	38.42	118.73	103.60	147.54	0.43	0.84	7.41
—	—	—	—	—	—	—	—
26.95	39.52	91.73	91.03	592.89	107.89	4.52	3.34
88.41	60.98	173.51	152.46	153.75	30.66	13.85	11.47
—	—	—	—	—	—	—	—
139.92	47.33	85.94	85.10	138.58	118.60	21.65	15.79
23.09	72.52	92.44	66.67	156.49	31.94	35.01	31.31
—	—	—	—	—	—	—	—
9.57	55.43	409.59	404.71	172.63	39.93	16.92	35.89
—	—	—	—	—	—	—	—
—	—	—	—	—	—	—	—
—	—	—	—	—	—	—	—

2011 年度全国旅游行业经济效益

地　区	财务效益				资产营运状况		
	净资产收益率(%)	总资产报酬率(%)	销售(营业)利润率(%)	成本费用利润率(%)	总资产周转率(%)	流动资产周转率(%)	存　货周转率(次)
全　国	5.22	3.64	10.96	17.06	19.48	66.31	1.95
北　京	-1.68	0.71	-6.11	-5.06	10.03	43.17	21.64
天　津	2.78	2.29	1.82	8.61	26.60	93.43	5.36
河　北	7.37	2.45	7.10	11.67	17.48	71.45	1.48
山　西	-4.51	-1.42	-13.18	-9.98	13.80	34.58	1.37
内蒙古	2.02	1.38	6.76	8.81	15.20	45.76	4.31
辽　宁	8.36	6.89	20.05	25.03	28.40	89.96	6.46
吉　林	-0.06	1.04	-3.95	-0.05	13.26	72.01	2.76
黑龙江	4.53	4.02	8.90	20.52	20.91	116.01	4.68
上　海	3.59	2.21	8.72	12.32	17.32	62.07	0.73
江　苏	1.35	1.55	-11.51	4.78	12.67	35.60	1.27
浙　江	5.95	4.73	19.63	27.85	17.75	62.53	2.47
安　徽	9.23	5.42	17.84	23.26	23.51	49.25	1.06
福　建	16.10	10.78	32.40	45.15	34.49	78.81	0.46
江　西	13.26	9.99	31.91	47.15	29.05	75.88	2.63
山　东	4.13	3.84	12.16	32.89	10.57	33.63	1.01

评价主要财务指标表（全部旅游景区）

	偿债能力状况				发展能力状况		
应收账款周转率(次)	资产负债率(%)	流动比率(%)	速动比率(%)	长期资产适合率(%)	销售增长率(%)	资本积累率(%)	总资产增长率(%)
9.31	51.94	84.84	73.28	158.49	24.10	23.17	17.74
0.88	60.97	73.63	73.20	199.11	10.41	−1.55	0.49
5.24	27.19	90.33	84.02	185.13	19.69	117.42	42.38
8.03	78.64	34.36	26.37	81.68	23.15	15.32	11.30
4.65	63.49	66.01	57.91	108.04	29.01	38.11	38.15
5.13	46.44	98.09	93.79	212.44	71.21	14.93	19.56
34.96	36.34	138.14	131.66	177.39	19.27	9.51	−4.66
35.23	48.61	50.84	48.13	116.05	16.53	16.44	6.25
5.07	16.43	146.94	130.50	141.75	31.04	7.17	8.44
32.62	61.37	79.65	48.58	178.20	0.24	−0.15	6.39
8.89	56.52	102.98	91.83	160.06	11.08	65.24	36.80
45.63	45.55	101.06	92.08	143.68	21.85	26.04	17.12
8.44	58.53	118.31	92.82	188.49	20.45	16.56	29.34
30.46	43.42	140.61	62.58	221.25	18.47	15.43	15.98
6.56	35.48	160.84	135.48	202.90	8.91	25.92	6.64
9.45	36.73	144.29	128.89	322.30	13.69	10.04	7.89

地　区	财务效益				资产营运状况		
	净资产收益率(%)	总资产报酬率(%)	销售(营业)利润率(%)	成本费用利润率(%)	总资产周转率(%)	流动资产周转率(%)	存　货周转率(次)
河　南	5.85	5.13	11.52	14.87	32.20	174.69	3.77
湖　北	3.74	2.99	12.06	14.13	20.22	70.74	6.68
湖　南	9.54	7.58	18.23	28.50	26.13	112.52	8.11
广　东	11.04	5.81	16.90	23.51	28.20	75.93	9.90
广　西	7.01	5.71	17.13	28.47	22.38	105.03	14.33
海　南	8.10	6.89	27.93	39.20	24.10	71.74	10.75
重　庆	2.87	2.38	–3.22	9.53	14.29	55.81	4.28
四　川	8.27	5.21	11.77	13.39	37.93	252.43	20.66
贵　州	8.70	3.90	9.98	11.99	28.27	87.44	12.53
云　南	6.28	4.17	16.44	20.92	19.42	77.10	1.18
陕　西	–6.54	–2.93	–32.37	–15.06	16.34	76.01	8.40
甘　肃	9.47	5.83	23.70	31.80	22.75	47.81	1.08
青　海	0.87	1.52	–82.25	9.18	5.75	58.22	11.38
宁　夏	12.05	7.88	21.97	28.87	31.50	151.54	11.90
新　疆	10.23	7.30	22.29	23.50	36.25	80.94	0.95
西　藏	—	—	—	—	—	—	—

续表

	偿债能力状况				发展能力状况		
应收账款周转率(次)	资产负债率(%)	流动比率(%)	速动比率(%)	长期资产适合率(%)	销售增长率(%)	资本积累率(%)	总资产增长率(%)
21.04	43.26	65.06	52.25	134.06	21.20	12.11	13.41
18.73	46.35	105.41	101.00	206.46	42.79	15.76	21.35
27.90	49.18	88.13	84.32	185.31	28.04	9.32	5.90
25.02	51.75	98.27	95.70	126.17	38.85	48.49	21.76
8.68	34.71	90.32	88.26	152.94	31.55	11.43	14.65
29.74	42.55	81.56	79.65	139.30	22.91	8.11	44.55
9.54	56.80	63.19	56.85	176.19	33.25	16.03	12.20
32.73	51.36	41.18	38.39	91.58	47.06	25.39	19.64
25.30	70.44	66.00	64.10	199.49	35.64	27.21	34.21
28.02	51.83	85.00	61.13	175.28	27.63	13.62	20.78
8.68	44.93	58.86	56.49	165.04	28.61	29.49	32.94
14.75	51.17	131.23	106.17	176.01	38.11	20.61	45.65
34.48	19.82	200.98	195.03	116.89	7.77	1.37	4.55
57.13	47.38	67.03	65.70	116.85	30.97	16.90	19.30
8.81	44.43	124.25	84.76	156.12	37.92	33.97	31.62
—	—	—	—	—	—	—	—

2011 年度全国旅游行业经济效益

地　区	财务效益				资产营运状况		
	净资产收益率(%)	总资产报酬率(%)	销售(营业)利润率(%)	成本费用利润率(%)	总资产周转率(%)	流动资产周转率(%)	存货周转率(次)
全　国	4.31	3.31	9.06	14.12	21.25	69.60	2.57
北　京	-0.83	0.49	0.39	-0.11	31.17	64.70	33.68
天　津	0.24	0.19	4.29	4.48	4.47	22.69	—
河　北	12.44	8.53	11.66	16.69	51.83	134.04	1.51
山　西	-6.03	-2.34	-32.18	-23.17	7.96	16.75	1.91
内蒙古	2.66	1.88	10.07	12.37	15.72	58.18	4.05
辽　宁	9.51	8.06	23.20	29.86	31.01	96.74	8.57
吉　林	7.42	4.05	11.25	10.86	39.50	101.94	10.11
黑龙江	4.71	4.18	12.95	24.47	19.23	119.40	5.84
上　海	-0.90	0.07	-8.87	-2.88	8.60	27.64	0.17
江　苏	0.92	1.05	0.94	5.53	12.57	25.21	4.05
浙　江	7.75	5.97	16.24	23.86	25.46	91.06	7.81
安　徽	5.63	3.29	11.69	16.08	19.99	41.79	0.98
福　建	5.62	4.75	18.80	18.59	29.47	137.22	14.14
江　西	11.86	10.52	29.00	47.69	26.99	123.98	20.88
山　东	2.24	1.95	-11.33	23.45	6.19	26.62	0.94

评价主要财务指标表（自然类旅游景区）

	偿债能力状况				发展能力状况		
应收账款周转率(次)	资产负债率(%)	流动比率(%)	速动比率(%)	长期资产适合率(%)	销售增长率(%)	资本积累率(%)	总资产增长率(%)
13.16	49.94	90.86	80.31	184.18	27.52	16.32	19.50
37.34	82.36	127.08	126.17	397.22	16.37	-1.21	4.00
17.92	27.97	80.07	80.03	212.36	5.85	3.64	18.61
8.02	47.05	94.84	48.64	137.81	20.53	21.56	31.17
4.51	58.63	66.41	63.15	100.30	88.87	56.95	49.91
4.35	42.66	82.20	77.29	221.54	62.48	15.10	21.18
32.00	29.78	174.97	167.32	216.21	22.92	11.06	-4.92
65.20	49.45	98.74	95.36	206.09	27.42	12.01	15.40
7.48	15.85	142.82	129.78	142.89	33.93	6.12	7.51
9.20	60.11	64.14	17.39	290.78	21.86	0.41	11.45
4.23	48.34	171.14	166.33	314.46	39.69	52.82	40.84
36.93	51.89	76.12	73.19	150.46	16.71	15.64	13.88
8.31	62.55	106.78	82.49	260.81	14.33	23.90	48.91
22.68	42.45	91.79	88.47	183.83	22.32	4.00	9.50
70.60	37.65	64.52	63.19	150.15	32.62	36.64	18.29
5.68	32.97	113.28	102.34	401.19	10.38	6.17	8.28

地　区	财务效益				资产营运状况		
	净资产收益率(%)	总资产报酬率(%)	销售(营业)利润率(%)	成本费用利润率(%)	总资产周转率(%)	流动资产周转率(%)	存　货周转率(次)
河　南	5.81	4.95	9.24	12.59	33.42	216.50	5.08
湖　北	4.17	3.51	13.17	15.28	21.73	104.94	5.93
湖　南	10.24	7.44	18.18	31.71	23.06	113.27	11.35
广　东	1.99	1.39	1.70	6.14	18.51	38.46	8.58
广　西	10.79	8.34	23.11	40.08	25.62	101.90	23.44
海　南	7.57	7.04	27.20	37.73	25.23	96.92	11.48
重　庆	3.06	2.67	1.28	8.82	17.36	72.19	8.18
四　川	10.56	6.41	9.42	10.30	55.43	212.41	19.89
贵　州	8.42	3.54	9.01	11.37	26.23	87.56	12.03
云　南	5.18	3.51	13.40	16.23	19.61	78.94	1.24
陕　西	-6.97	-3.40	-60.30	-22.44	10.16	56.75	12.40
甘　肃	12.14	6.93	22.88	31.45	26.46	56.71	32.55
青　海	—	—	—	—	—	—	—
宁　夏	9.41	7.07	16.31	19.28	41.33	336.06	10.09
新　疆	4.18	3.43	15.25	9.57	37.26	92.12	18.57
西　藏	—	—	—	—	—	—	—

续表

	偿债能力状况				发展能力状况		
应收账款周转率(次)	资产负债率(%)	流动比率(%)	速动比率(%)	长期资产适合率(%)	销售增长率(%)	资本积累率(%)	总资产增长率(%)
20.53	47.23	53.48	44.36	110.86	22.47	17.44	19.56
15.79	42.67	83.37	77.67	189.45	61.07	19.45	20.23
26.41	51.82	76.00	73.50	176.51	25.01	6.38	4.55
16.49	65.41	101.92	99.61	142.71	7.98	7.71	10.20
7.55	35.19	90.39	89.40	128.67	26.66	16.85	19.78
31.79	42.41	62.39	60.16	130.05	27.99	7.47	51.25
11.25	58.02	60.19	57.90	253.47	47.72	10.86	23.92
27.48	55.97	75.35	70.78	118.66	81.30	30.51	28.94
21.11	72.72	60.64	58.79	196.51	39.93	27.53	37.35
34.92	54.73	83.88	60.62	205.24	28.43	14.44	25.26
7.38	42.41	54.72	53.19	180.27	31.01	32.86	37.94
27.32	49.05	142.04	140.98	208.54	46.85	13.75	22.85
—	—	—	—	—	—	—	—
46.72	37.76	47.31	45.32	104.25	19.55	20.33	22.45
12.27	41.24	122.30	119.05	169.43	33.55	37.52	40.60
—	—	—	—	—	—	—	—

2011 年度全国旅游行业经济效益

地区	财务效益				资产营运状况		
	净资产收益率(%)	总资产报酬率(%)	销售(营业)利润率(%)	成本费用利润率(%)	总资产周转率(%)	流动资产周转率(%)	存货周转率(次)
全国	5.49	4.10	12.89	18.28	22.48	56.60	2.06
北京	17.06	12.67	25.26	37.17	44.04	78.01	3.93
天津	-1.03	-0.30	3.30	-4.73	17.78	186.76	—
河北	5.08	2.67	-3.11	17.87	14.51	66.79	10.26
山西	-4.33	-0.45	-12.53	-3.52	11.25	40.37	0.21
内蒙古	-11.67	-4.07	-50.44	-29.05	9.83	15.87	12.13
辽宁	0.02	2.00	-7.95	0.13	10.40	37.87	0.32
吉林	—	—	—	—	—	—	—
黑龙江	—	—	—	—	—	—	—
上海	—	—	—	—	—	—	—
江苏	1.58	1.54	-9.09	5.49	20.86	37.86	4.30
浙江	-2.87	0.20	-4.63	-3.21	20.28	67.85	4.95
安徽	17.38	8.85	30.69	44.94	22.97	43.84	0.74
福建	20.31	14.11	40.60	66.09	35.19	41.82	10.93
江西	8.54	4.41	39.69	64.82	11.20	15.13	79.43
山东	13.41	14.13	34.86	53.85	40.01	135.85	5.60

评价主要财务指标表（文物类旅游景区）

	偿债能力状况				发展能力状况		
应收账款周转率(次)	资产负债率(%)	流动比率(%)	速动比率(%)	长期资产适合率(%)	销售增长率(%)	资本积累率(%)	总资产增长率(%)
8.89	48.92	116.20	104.59	184.94	17.41	9.44	14.67
—	20.35	280.10	272.96	224.74	13.72	18.60	-13.16
—	19.55	44.64	44.64	90.21	47.10	-1.29	-4.64
10.38	51.06	43.64	42.38	108.43	22.61	9.21	17.62
2.84	88.14	44.00	40.58	70.68	-8.60	2.06	35.33
14.66	62.87	175.17	172.83	188.08	21.73	15.66	13.48
—	49.39	143.32	135.17	133.24	5.31	0.02	-2.74
—	—	—	—	—	—	—	—
—	—	—	—	—	—	—	—
—	—	—	—	—	—	—	—
11.14	53.33	123.73	120.83	171.61	-14.61	6.22	25.66
21.55	67.17	68.25	63.58	187.43	33.69	-1.09	33.00
7.84	61.19	137.03	110.09	166.57	27.14	19.32	17.04
20.18	60.28	279.00	278.52	759.05	26.02	-0.62	59.02
0.59	40.16	398.37	398.21	364.06	38.27	7.95	-19.95
22.70	20.81	160.65	147.52	131.33	16.38	10.70	10.41

地　区	财务效益				资产营运状况		
	净资产收益率(%)	总资产报酬率(%)	销售(营业)利润率(%)	成本费用利润率(%)	总资产周转率(%)	流动资产周转率(%)	存　货周转率(次)
河　南	4.50	4.54	17.49	21.48	25.45	100.12	2.02
湖　北	-6.97	-3.15	-31.24	-21.72	11.05	21.44	11.33
湖　南	-3.25	-0.56	-7.56	-6.95	22.51	97.12	3.12
广　东	1.19	1.11	4.03	3.82	30.27	219.07	41.17
广　西	-9.19	-4.57	-9.13	-7.91	52.95	268.74	386.35
海　南	—	—	—	—	—	—	—
重　庆	0.34	0.19	1.25	2.42	7.97	79.17	30.23
四　川	0.52	1.31	-0.45	1.40	27.04	237.88	7.96
贵　州	22.97	20.98	24.25	11.55	239.80	387.48	—
云　南	9.40	5.70	21.75	27.36	23.43	35.45	0.15
陕　西	-1.38	0.84	0.25	—	74.87	187.86	4.87
甘　肃	-8.51	-3.98	-25.07	-20.04	15.88	78.46	5.51
青　海	0.65	0.83	-99.92	12.84	3.23	32.37	113.42
宁　夏	16.85	8.85	36.29	60.80	19.67	63.63	19.33
新　疆	11.73	12.78	43.04	74.58	28.79	123.29	0.68
西　藏	—	—	—	—	—	—	—

续表

	偿债能力状况				发展能力状况		
应收账款周转率(次)	资产负债率(%)	流动比率(%)	速动比率(%)	长期资产适合率(%)	销售增长率(%)	资本积累率(%)	总资产增长率(%)
17.57	24.45	133.73	95.85	334.15	20.45	4.14	2.25
15.78	61.04	499.44	492.14	559.20	8.99	–0.64	42.98
15.09	41.65	97.10	82.04	245.50	10.62	1.10	2.18
145.83	48.05	183.27	180.33	144.61	131.28	5.99	52.16
—	60.49	7.92	7.86	116.31	—	–8.79	50.21
—	—	—	—	—	—	—	—
2.01	44.91	24.82	24.35	241.91	24.26	0.91	2.08
10.44	19.91	46.92	39.94	321.23	18.96	175.89	102.99
—	31.18	209.68	209.68	198.75	9.75	25.23	22.66
5.19	64.08	110.19	54.58	205.47	–5.05	25.40	24.37
11.33	59.57	72.37	66.91	78.58	27.66	19.16	15.71
11.98	53.45	45.33	43.85	87.79	31.11	0.01	1.02
—	9.86	402.94	401.49	120.34	6.74	0.66	4.44
129.89	59.26	87.26	86.60	139.31	72.66	10.94	15.63
66.96	13.30	195.53	190.01	134.67	23.81	12.95	7.50
—	—	—	—	—	—	—	—

2011 年度全国旅游行业经济效益

地　区	财务效益				资产营运状况		
	净资产收益率(%)	总资产报酬率(%)	销售(营业)利润率(%)	成本费用利润率(%)	总资产周转率(%)	流动资产周转率(%)	存　货周转率(次)
全　国	6.30	3.94	13.08	20.80	17.17	64.41	1.38
北　京	–2.56	0.41	–16.20	–12.92	6.33	32.90	22.07
天　津	4.02	3.03	1.69	9.05	33.67	106.49	5.39
河　北	–1.62	0.47	–4.40	0.65	6.40	32.25	1.18
山　西	0.47	1.01	1.42	1.46	38.73	89.29	1.27
内蒙古	12.00	5.82	30.24	43.18	19.32	50.05	2.59
辽　宁	15.88	5.35	10.38	8.40	41.90	118.51	2.83
吉　林	–1.50	0.49	–16.91	–7.11	8.47	57.73	1.14
黑龙江	1.45	1.65	–16.47	2.02	46.11	97.45	1.87
上　海	6.78	3.61	13.01	16.91	23.01	89.27	5.57
江　苏	1.58	1.77	–17.79	4.38	11.88	43.35	0.90
浙　江	5.31	4.19	25.72	36.12	12.84	44.73	1.04
安　徽	1.44	1.64	3.18	3.36	45.78	398.69	8.76
福　建	33.28	19.69	46.41	87.17	42.04	55.85	0.24
江　西	16.87	12.62	32.92	44.23	41.91	112.80	1.79
山　东	10.06	7.14	25.09	35.83	15.95	25.78	0.55

评价主要财务指标表（主题类旅游景区）

	偿债能力状况				发展能力状况		
应收账款周转率(次)	资产负债率(%)	流动比率(%)	速动比率(%)	长期资产适合率(%)	销售增长率(%)	资本积累率(%)	总资产增长率(%)
6.76	54.54	74.04	61.41	135.22	21.17	35.38	16.35
0.47	59.13	62.20	61.95	186.82	6.31	–2.39	0.43
4.97	27.23	94.10	85.92	186.12	19.84	229.04	53.22
7.95	90.59	23.53	22.21	52.62	30.63	5.11	5.45
5.89	54.68	109.18	63.06	287.45	15.60	0.52	4.35
15.12	52.70	108.25	105.29	177.18	444.05	12.42	16.15
43.16	78.74	39.36	36.92	30.81	2.12	12.24	–6.21
25.39	48.45	40.87	38.30	107.50	8.62	17.31	4.67
1.60	24.57	177.33	135.78	125.84	15.44	26.89	23.47
86.41	62.22	100.94	91.39	150.73	–3.91	–0.54	3.22
16.78	60.52	76.64	62.24	127.57	6.65	86.37	36.24
74.31	40.55	142.69	124.22	139.77	27.87	33.01	18.41
11.38	17.08	176.11	122.65	114.41	21.60	–6.06	–5.77
50.04	43.74	171.93	32.90	334.58	14.33	38.64	24.33
59.22	30.54	267.80	160.99	235.89	–6.86	24.04	11.48
18.64	59.11	253.87	221.25	279.59	16.36	45.01	5.28

地　区	财务效益				资产营运状况		
	净资产收益率(%)	总资产报酬率(%)	销售(营业)利润率(%)	成本费用利润率(%)	总资产周转率(%)	流动资产周转率(%)	存　货周转率(次)
河　南	9.26	6.89	14.77	18.28	36.86	168.29	4.76
湖　北	5.84	3.54	17.48	22.25	18.45	38.91	12.02
湖　南	11.09	10.42	22.59	28.96	38.89	113.69	5.32
广　东	20.50	13.73	28.07	41.04	45.31	252.52	12.49
广　西	–2.55	–1.19	–14.44	–12.55	11.21	107.39	4.67
海　南	10.62	6.24	31.92	47.97	19.37	28.77	4.96
重　庆	3.99	2.90	–8.34	11.39	14.11	44.22	2.95
四　川	7.15	4.40	17.31	21.16	23.49	412.11	24.29
贵　州	9.63	6.71	13.34	16.00	41.12	76.86	13.91
云　南	9.72	6.97	31.14	45.00	17.49	108.28	31.52
陕　西	–5.95	–2.38	–19.54	–18.64	12.40	32.38	3.54
甘　肃	8.09	5.61	29.66	41.10	19.07	37.64	0.47
青　海	3.69	4.80	–67.01	5.40	17.67	210.52	1.94
宁　夏	—	—	—	—	—	—	—
新　疆	25.25	13.69	33.57	53.07	35.45	63.64	0.16
西　藏	—	—	—	—	—	—	—

续表

	偿债能力状况				发展能力状况		
应收账款周转率(次)	资产负债率(%)	流动比率(%)	速动比率(%)	长期资产适合率(%)	销售增长率(%)	资本积累率(%)	总资产增长率(%)
30.81	52.14	55.77	48.43	133.78	16.93	5.40	4.24
98.15	53.34	109.73	108.19	208.14	1.85	7.39	17.74
37.59	41.52	136.07	130.07	208.39	39.30	22.28	12.34
39.39	30.42	83.78	80.22	112.45	73.77	112.54	44.98
27.92	31.32	139.87	123.33	288.55	29.06	−1.18	−0.42
21.73	43.21	146.81	145.99	231.12	0.99	11.21	19.89
19.84	59.79	76.04	64.94	129.52	23.54	30.21	7.43
68.79	49.27	15.59	14.24	69.50	7.50	14.87	9.20
—	48.36	119.74	117.34	234.72	18.84	25.59	9.03
50.82	32.76	72.51	71.38	103.00	39.40	9.25	0.59
7.96	59.22	71.31	67.04	120.58	14.60	−6.08	2.74
8.79	53.12	130.35	86.79	158.91	26.22	31.68	88.27
18.09	66.77	50.77	41.47	100.58	8.67	11.49	5.03
—	—	—	—	—	—	—	—
5.38	55.09	124.15	34.30	133.95	49.50	31.66	20.09
—	—	—	—	—	—	—	—

2011 年度全国旅游行业经济效益

地 区	财务效益				资产营运状况		
	净资产收益率(%)	总资产报酬率(%)	销售(营业)利润率(%)	成本费用利润率(%)	总资产周转率(%)	流动资产周转率(%)	存 货周转率(次)
全 国	6.77	4.99	7.68	8.98	50.47	114.52	2.30
北 京	—	—	—	—	—	—	—
天 津	—	—	—	—	—	—	—
河 北	—	—	—	—	—	—	—
山 西	—	—	—	—	—	—	—
内蒙古	0.07	0.03	4.20	0.05	54.79	132.47	7.77
辽 宁	−11.49	−5.96	−59.79	−37.81	12.03	344.48	33.26
吉 林	−10.10	−4.10	−29.51	−24.19	13.73	50.58	6.87
黑龙江	−0.15	−0.03	−0.21	−0.06	47.39	215.15	36.11
上 海	31.40	19.45	8.71	10.68	196.67	265.80	10.58
江 苏	1.86	1.69	2.32	3.78	31.98	47.31	3.34
浙 江	−1.21	0.12	−7.04	−4.40	9.68	32.28	1.27
安 徽	11.49	9.42	15.90	18.34	50.50	297.97	6.99
福 建	13.32	11.52	16.12	19.86	61.00	96.27	3.21
江 西	1.83	1.91	2.03	2.52	66.81	121.43	2.17
山 东	4.57	3.72	7.99	8.84	33.63	80.30	3.06

评价主要财务指标表（其他旅游企业）

	偿债能力状况				发展能力状况		
应收账款周转率(次)	资产负债率(%)	流动比率(%)	速动比率(%)	长期资产适合率(%)	销售增长率(%)	资本积累率(%)	总资产增长率(%)
11.35	51.23	115.96	77.84	178.97	20.54	14.08	14.64
—	—	—	—	—	—	—	—
—	—	—	—	—	—	—	—
—	—	—	—	—	—	—	—
—	—	—	—	—	—	—	—
2.60	63.74	67.43	61.20	82.04	-25.59	12.35	12.09
—	39.74	13.12	12.84	63.87	-14.45	-10.06	-1.11
223.66	55.14	55.17	52.97	76.02	76.90	75.10	52.83
126.18	43.54	53.71	51.72	76.90	20.00	-0.03	0.68
32.98	49.37	147.92	117.22	191.56	-6.00	3.81	-6.37
2.48	55.62	147.83	127.78	258.32	38.47	17.82	25.96
7.29	52.61	77.30	63.47	452.47	12.01	-0.64	10.56
21.52	50.49	63.14	53.24	111.18	18.57	14.66	28.52
3.09	38.48	216.28	183.03	339.33	11.31	110.83	40.91
12.14	44.72	162.16	96.60	169.58	-0.41	3.39	4.49
13.47	57.81	90.28	70.38	155.68	48.08	17.99	20.30

地区	财务效益				资产营运状况		
	净资产收益率(%)	总资产报酬率(%)	销售(营业)利润率(%)	成本费用利润率(%)	总资产周转率(%)	流动资产周转率(%)	存货周转率(次)
河南	12.24	4.81	5.45	13.29	38.31	170.98	123.44
湖北	0.59	0.87	2.33	3.10	21.12	62.64	2.60
湖南	12.57	8.28	7.72	8.58	91.90	208.91	3.43
广东	0.95	0.98	–0.33	2.53	22.64	45.50	0.40
广西	23.18	17.18	37.84	61.09	45.32	146.86	9.89
海南	45.37	7.90	18.39	22.51	27.28	41.89	0.13
重庆	14.54	9.52	4.60	5.69	160.39	341.72	6.53
四川	3.10	3.51	8.64	6.17	32.64	115.54	8.46
贵州	0.45	0.84	2.45	2.96	13.87	42.43	22.44
云南	1.75	1.07	–1.76	4.39	22.35	34.92	0.25
陕西	—	—	—	—	—	—	—
甘肃	4.87	2.81	3.23	5.63	51.59	127.95	4.73
青海	—	—	—	—	—	—	—
宁夏	—	—	—	—	—	—	—
新疆	12.52	10.98	24.40	32.38	44.77	178.19	19.44
西藏	—	—	—	—	—	—	—

续表

	偿债能力状况				发展能力状况		
应收账款周转率(次)	资　产负债率(%)	流动比率(%)	速动比率(%)	长期资产适合率(%)	销　售增长率(%)	资　本积累率(%)	总资产增长率(%)
27.50	58.93	50.87	50.69	93.65	30.52	13.04	3.27
4.00	38.02	160.51	131.55	288.51	51.11	2.82	18.03
15.47	51.93	105.70	65.90	133.09	37.61	6.18	11.74
40.94	66.56	89.68	71.56	161.22	10.20	10.63	−1.09
39.19	35.34	94.47	90.89	112.72	17.67	−0.31	−1.79
41.81	86.89	189.75	47.90	211.09	49.96	58.68	4.40
42.57	46.71	117.99	61.87	159.60	11.85	9.18	6.07
21.23	49.59	78.51	72.18	121.85	30.30	36.34	16.73
12.44	30.10	178.25	177.40	227.83	50.67	22.42	30.72
12.16	51.07	201.93	33.57	244.92	10.60	7.08	12.88
—	—	—	—	—	—	—	—
11.23	60.64	170.77	141.41	151.67	30.72	5.65	9.26
—	—	—	—	—	—	—	—
—	—	—	—	—	—	—	—
35.18	25.79	137.28	129.45	139.68	48.80	22.43	20.17
—	—	—	—	—	—	—	—

2011 年度全国旅游行业经济效益

地　区	人均增加值(元)				
	全国旅游行业	旅行社	旅游饭店	旅游景区	旅游集团
全　国	80266.02	53107.70	71502.32	85513.66	163371.44
北　京	122885.59	88753.88	129593.33	91096.12	135365.36
天　津	59097.38	50308.85	50539.56	154215.00	—
河　北	49106.82	21117.55	47934.29	62913.24	—
山　西	31341.26	15412.45	35749.91	17582.13	—
内蒙古	64773.42	29468.93	83433.27	41838.65	15351.02
辽　宁	85664.60	34006.26	101349.45	70852.30	66725.83
吉　林	86179.25	22461.95	85102.08	144727.68	186078.27
黑龙江	58719.99	37872.04	68214.61	58033.81	36437.92
上　海	110170.72	91583.44	112173.72	118673.55	112619.71
江　苏	72806.92	70426.33	75497.33	49647.11	126205.68
浙　江	85411.16	50184.21	76486.19	116544.84	126492.12
安　徽	65409.41	35989.35	47344.78	102102.33	140460.77
福　建	70280.47	47595.36	65500.77	127244.91	—
江　西	49593.72	25750.02	51794.76	113541.19	—
山　东	60929.34	34817.89	63208.65	77780.44	-99784.65

评价补充财务指标表（全部旅游企业）

	人均财政贡献(元)					
其他旅游企业	全国旅游行业	旅行社	旅游饭店	旅游景区	旅游集团	其他旅游企业
85253.36	16397.56	8425.52	12898.64	14056.19	51006.18	15392.32
—	30413.03	18807.73	26963.66	13448.86	41968.07	—
—	13622.88	7826.94	9902.71	59762.47	—	—
—	9987.23	2739.04	8199.45	17327.83	—	—
—	5120.06	1756.19	5765.28	5075.45	—	—
29551.90	8942.78	3974.69	11216.40	5608.49	7244.79	5531.56
32264.35	12810.78	6866.53	14542.61	12023.01	7212.75	12419.83
22388.27	13945.33	3403.87	10537.58	6690.05	83178.77	4189.68
99027.73	8888.86	6404.09	12080.15	2237.69	10884.98	7031.40
198260.83	18755.72	11914.96	20634.53	14849.68	19227.03	46748.85
93998.09	13678.63	11467.32	13918.78	13255.92	31163.36	9597.70
49468.50	19807.43	7552.13	16949.53	19434.64	39862.04	10775.11
66840.41	12367.32	4366.49	9331.58	11634.19	32590.34	12959.03
125104.02	13758.03	6519.89	13052.10	15521.66	—	47880.50
27237.81	6436.47	4849.72	6933.53	6850.64	—	5240.79
62699.45	10508.20	5218.15	10765.45	16371.69	7262.24	8105.80

<table>
<tr><th rowspan="2">地　区</th><th colspan="5">人均增加值(元)</th></tr>
<tr><th>全国旅游行业</th><th>旅行社</th><th>旅游饭店</th><th>旅游景区</th><th>旅游集团</th></tr>
<tr><td>河　南</td><td>55215.73</td><td>21425.31</td><td>43956.70</td><td>104301.68</td><td>30698.50</td></tr>
<tr><td>湖　北</td><td>61345.96</td><td>38841.84</td><td>49135.39</td><td>57147.40</td><td>332907.04</td></tr>
<tr><td>湖　南</td><td>55112.23</td><td>39778.43</td><td>47865.03</td><td>93756.84</td><td>—</td></tr>
<tr><td>广　东</td><td>140054.92</td><td>61719.04</td><td>87482.63</td><td>109803.45</td><td>484486.37</td></tr>
<tr><td>广　西</td><td>59311.28</td><td>29606.49</td><td>54538.58</td><td>59008.62</td><td>93532.89</td></tr>
<tr><td>海　南</td><td>78225.26</td><td>26224.56</td><td>82856.15</td><td>103755.02</td><td>—</td></tr>
<tr><td>重　庆</td><td>54343.78</td><td>32228.64</td><td>58810.19</td><td>61822.03</td><td>43003.93</td></tr>
<tr><td>四　川</td><td>74366.25</td><td>30200.83</td><td>60661.51</td><td>103127.84</td><td>148075.76</td></tr>
<tr><td>贵　州</td><td>37611.38</td><td>24138.34</td><td>37206.52</td><td>43760.76</td><td>—</td></tr>
<tr><td>云　南</td><td>71737.54</td><td>39632.19</td><td>65924.08</td><td>83779.62</td><td>163295.03</td></tr>
<tr><td>陕　西</td><td>49933.79</td><td>25873.07</td><td>52731.08</td><td>6076.43</td><td>61742.46</td></tr>
<tr><td>甘　肃</td><td>36032.44</td><td>22445.54</td><td>36501.44</td><td>42907.52</td><td>—</td></tr>
<tr><td>青　海</td><td>47386.13</td><td>20457.06</td><td>46297.88</td><td>16065.64</td><td>118709.29</td></tr>
<tr><td>宁　夏</td><td>70343.71</td><td>45653.66</td><td>56535.98</td><td>103794.90</td><td>—</td></tr>
<tr><td>新　疆</td><td>71925.12</td><td>55158.97</td><td>66720.38</td><td>110019.15</td><td>—</td></tr>
<tr><td>西　藏</td><td>29753.60</td><td>—</td><td>29753.60</td><td>—</td><td>—</td></tr>
</table>

续表

	人均财政贡献(元)					
其他旅游企业	全国旅游行业	旅行社	旅游饭店	旅游景区	旅游集团	其他旅游企业
62785.79	9410.16	2480.66	7194.97	19626.24	1689.41	8533.96
12646.58	7222.93	4659.99	7750.45	7010.18	17277.43	1397.31
74452.02	8898.59	4698.64	8332.90	15644.84	—	10602.14
65831.85	37436.44	11407.44	14798.02	17243.14	183298.10	16427.03
108468.71	10129.66	3507.11	8564.70	7707.44	27957.01	14593.49
156994.49	12236.79	4928.92	13165.94	16469.01	—	4049.84
59065.73	9650.14	4102.20	10092.74	9733.33	6201.41	21233.96
155001.75	12184.39	3794.85	9602.54	17201.78	42880.95	12697.54
32827.74	5836.96	2207.60	6128.56	6503.22	—	2595.47
112958.42	9821.15	4045.54	8134.80	9229.09	32613.14	24434.47
—	11862.91	2791.04	9225.55	5070.78	19148.19	—
63036.40	5212.39	2842.31	5528.05	1897.58	—	12955.08
—	5703.47	3098.93	5959.95	3894.85	7950.58	—
—	7216.31	3897.93	7358.49	7938.92	—	—
136198.43	12713.84	7353.97	11989.77	21362.97	—	19112.06
—	4914.77	—	4914.77	—	—	—

2011年度全国旅游行业经济效益

地　区	入境旅游收入比率(%)	自联入境旅游收入比率(%)	国内旅游收入比率(%)
全　国	9.22	4.15	62.72
北　京	12.62	7.50	38.31
天　津	11.17	8.89	66.87
河　北	2.40	1.11	88.34
山　西	5.01	1.72	82.57
内蒙古	4.12	1.49	83.41
辽　宁	11.50	1.97	55.30
吉　林	10.19	4.78	70.17
黑龙江	25.30	13.40	51.39
上　海	6.85	3.22	61.59
江　苏	4.84	1.47	71.67
浙　江	5.60	3.17	69.88
安　徽	2.46	0.90	91.81
福　建	12.73	3.74	71.39
江　西	4.02	0.51	82.79
山　东	12.20	7.43	67.24

评价补充财务指标表（全部旅行社）

出境旅游收入比率(%)	自联入境旅游收入毛利率(%)	国内旅游收入毛利率(%)	出境旅游收入毛利率(%)
28.06	7.93	6.59	5.41
49.07	7.04	5.00	4.67
21.96	3.35	6.24	8.44
9.26	7.21	6.56	5.61
12.42	5.79	7.16	5.00
12.47	11.75	9.22	7.06
33.20	3.76	5.44	4.83
19.64	4.92	7.51	5.81
23.31	13.64	9.55	7.89
31.56	7.70	7.14	5.33
23.49	7.01	7.74	4.01
24.52	10.12	6.40	4.73
5.73	5.30	9.59	9.49
15.88	8.04	7.50	5.41
13.19	5.75	4.76	6.76
20.56	7.43	7.17	6.61

地　区	入境旅游收入比率(%)	自联入境旅游收入比率(%)	国内旅游收入比率(%)
河　南	7.16	3.91	77.32
湖　北	9.17	2.72	76.80
湖　南	16.78	0.44	68.61
广　东	8.98	4.27	55.62
广　西	9.52	5.74	75.22
海　南	7.75	5.20	90.02
重　庆	11.45	5.44	74.03
四　川	13.15	3.89	70.48
贵　州	6.03	1.31	86.26
云　南	9.32	2.01	74.03
陕　西	16.10	6.99	75.36
甘　肃	7.66	4.15	84.18
青　海	6.27	3.21	82.78
宁　夏	2.81	0.12	83.16
新　疆	9.67	6.45	75.74
西　藏	—	—	—

续表

出境旅游收入比率(%)	自联入境旅游收入毛利率(%)	国内旅游收入毛利率(%)	出境旅游收入毛利率(%)
15.52	2.60	8.44	5.72
14.03	17.86	7.66	9.07
14.61	4.31	5.42	9.76
35.40	8.87	7.89	7.08
15.26	14.30	3.91	4.17
2.23	6.28	4.71	8.57
14.52	2.54	4.46	4.55
16.37	13.19	4.63	3.98
7.71	5.26	3.66	1.99
16.65	5.45	4.99	2.40
8.54	6.47	5.84	5.16
8.16	4.15	6.01	3.44
10.95	5.48	6.64	12.65
14.03	31.13	10.63	5.30
14.59	9.18	3.87	6.69
—	—	—	—

2011 年度全国旅游行业经济效益

地　区	入境旅游收入比率(%)	自联入境旅游收入比率(%)	国内旅游收入比率(%)
全　国	11.92	5.46	45.97
北　京	11.86	7.21	34.16
天　津	17.41	14.25	47.40
河　北	7.39	3.55	62.07
山　西	8.64	2.89	62.04
内蒙古	8.21	3.35	58.36
辽　宁	13.13	2.31	47.74
吉　林	14.18	6.56	48.46
黑龙江	27.64	13.72	43.80
上　海	9.84	4.80	35.39
江　苏	7.09	2.16	56.03
浙　江	10.52	6.28	39.45
安　徽	5.25	2.15	75.51
福　建	16.18	4.78	63.37
江　西	8.70	0.23	57.16
山　东	17.14	10.48	52.65

评价补充财务指标表（经营出境游旅行社）

出境旅游收入比率(%)	自联入境旅游收入毛利率(%)	国内旅游收入毛利率(%)	出境旅游收入毛利率(%)
42.11	7.80	5.96	5.41
53.98	6.40	5.00	4.67
35.19	3.35	6.70	8.44
30.54	7.09	5.19	5.61
29.32	7.87	11.06	5.00
33.43	6.73	6.62	7.06
39.13	3.72	5.21	4.83
37.36	4.99	5.35	5.81
28.56	13.42	8.38	7.89
54.77	7.43	4.24	5.33
36.88	7.20	4.24	4.01
50.03	10.09	6.28	4.73
19.24	5.27	15.45	9.49
20.45	8.02	7.57	5.41
34.14	10.52	5.17	6.76
30.21	7.13	7.44	6.61

地　区	入境旅游收入比率(%)	自联入境旅游收入比率(%)	国内旅游收入比率(%)
河　南	14.20	7.96	54.22
湖　北	14.91	4.96	59.07
湖　南	26.44	0.69	45.72
广　东	9.45	4.40	49.13
广　西	11.15	8.17	59.92
海　南	14.86	10.31	80.25
重　庆	19.72	10.03	53.11
四　川	18.57	5.08	55.11
贵　州	9.65	2.08	77.73
云　南	10.09	2.42	60.13
陕　西	22.96	5.43	57.01
甘　肃	19.42	11.47	50.71
青　海	14.97	9.89	48.83
宁　夏	6.29	0.24	62.08
新　疆	12.00	8.99	67.49
西　藏	—	—	—

续表

出境旅游收入比率(%)	自联入境旅游收入毛利率(%)	国内旅游收入毛利率(%)	出境旅游收入毛利率(%)
31.58	2.60	7.08	5.72
26.02	17.74	6.62	9.07
27.84	4.43	5.56	9.76
41.42	9.20	8.35	7.08
28.93	14.59	3.33	4.17
4.89	6.42	5.51	8.57
27.17	2.49	3.73	4.55
26.32	14.95	4.07	3.98
12.62	5.12	1.73	1.99
29.78	6.80	4.94	2.40
20.03	9.64	3.85	5.16
29.87	3.57	3.74	3.44
36.20	5.59	5.92	12.65
31.63	31.13	5.21	5.30
20.51	9.18	3.95	6.69
—	—	—	—

2011年度全国旅游行业经济效益

地　区	入境旅游收入比率(%)	自联入境旅游收入比率(%)	国内旅游收入比率(%)
全　国	3.83	1.52	96.17
北　京	20.14	10.42	79.86
天　津	0.79	—	99.21
河　北	0.23	0.05	99.77
山　西	2.35	0.86	97.65
内蒙古	1.68	0.38	98.32
辽　宁	2.44	0.06	97.56
吉　林	5.76	2.81	94.24
黑龙江	14.93	11.96	85.07
上　海	2.78	1.07	97.22
江　苏	0.90	0.26	99.10
浙　江	0.86	0.19	99.14
安　徽	1.28	0.37	98.72
福　建	0.72	0.13	99.28
江　西	1.07	0.68	98.93
山　东	1.71	0.95	98.29

评价补充财务指标表（经营非出境游旅行社）

出境旅游收入比率(%)	自联入境旅游收入毛利率(%)	国内旅游收入毛利率(%)	出境旅游收入毛利率(%)
—	8.89	7.22	—
—	11.48	4.99	—
—	—	5.87	—
—	11.02	6.97	—
—	0.73	5.17	—
—	25.56	10.30	—
—	10.00	6.10	—
—	4.67	8.90	—
—	15.04	12.49	—
—	9.35	8.60	—
—	4.18	11.39	—
—	12.88	6.44	—
—	7.32	7.46	—
—	10.71	7.36	—
—	4.72	4.57	—
—	13.55	6.81	—

地　区	入境旅游收入比率(%)	自联入境旅游收入比率(%)	国内旅游收入比率(%)
河　南	0.37	0.01	99.63
湖　北	2.46	0.11	97.54
湖　南	6.12	0.18	93.88
广　东	6.16	3.49	93.84
广　西	7.69	3.02	92.31
海　南	1.80	0.91	98.20
重　庆	1.96	0.17	98.04
四　川	4.24	1.94	95.76
贵　州	0.34	0.09	99.66
云　南	8.34	1.49	91.66
陕　西	10.99	8.15	89.01
甘　肃	3.24	1.40	96.76
青　海	2.50	0.32	97.50
宁　夏	0.04	0.03	99.96
新　疆	3.92	0.19	96.08
西　藏	—	—	—

续表

出境旅游收入比率(%)	自联入境旅游收入毛利率(%)	国内旅游收入毛利率(%)	出境旅游收入毛利率(%)
—	—	9.17	—
—	25.22	8.46	—
—	3.79	5.34	—
—	6.48	6.40	—
—	13.40	4.33	—
—	5.33	4.11	—
—	5.88	4.92	—
—	4.75	5.20	—
—	10.47	6.08	—
—	2.25	5.03	—
—	5.33	6.90	—
—	5.95	6.50	—
—	3.43	6.83	—
—	—	13.71	—
—	—	3.70	—
—	—	—	—

2011 年度全国旅游行业经济效益

地　区	平均客房出租率(%)	平均房价(元)	房费收入比　率(%)	餐饮收入比　率(%)
全　国	61.47	321.10	41.46	43.25
北　京	63.57	513.33	46.09	34.55
天　津	47.27	384.72	41.11	44.78
河　北	59.21	260.92	36.36	52.96
山　西	66.81	253.16	39.13	50.83
内蒙古	58.14	242.89	39.66	49.47
辽　宁	62.02	355.98	43.80	43.78
吉　林	64.52	272.50	38.50	51.10
黑龙江	54.05	317.22	52.88	37.92
上　海	58.42	494.60	49.72	37.29
江　苏	58.02	332.26	33.81	54.52
浙　江	62.79	321.38	28.47	44.98
安　徽	57.82	240.99	42.18	47.38
福　建	63.19	322.74	40.50	47.34
江　西	67.62	222.96	44.60	27.10
山　东	60.52	298.23	36.53	52.05

评价补充财务指标表（全部旅游饭店）

商品收入比　率(%)	娱乐收入比　率(%)	餐　饮毛利率(%)	商　品毛利率(%)	娱　乐毛利率(%)
4.30	1.44	50.45	27.31	70.57
2.85	1.49	59.03	36.75	78.33
2.22	0.92	48.67	22.43	91.51
1.87	1.53	42.79	48.00	79.61
2.37	0.99	46.07	56.25	74.47
3.42	0.79	47.37	53.20	67.68
1.54	0.81	50.12	60.66	72.81
0.56	1.71	52.23	44.40	83.38
2.95	1.10	42.61	50.78	70.35
1.59	0.47	61.34	22.06	82.53
3.39	1.18	48.43	26.31	77.41
18.37	1.58	47.14	20.24	71.35
2.28	1.01	46.39	52.20	71.60
0.60	2.39	47.67	46.98	55.46
1.15	0.26	47.30	42.36	81.32
3.22	0.45	43.42	40.44	73.30

地　区	平均客房出租率(%)	平均房价(元)	房费收入比　率(%)	餐饮收入比　率(%)
河　南	62.62	202.99	41.27	47.45
湖　北	63.77	243.91	46.81	42.88
湖　南	71.03	222.68	42.21	45.94
广　东	60.43	410.96	43.43	39.80
广　西	61.28	204.46	42.95	45.89
海　南	57.80	399.32	62.75	29.91
重　庆	62.30	285.64	41.19	44.12
四　川	63.71	305.33	46.70	40.21
贵　州	61.86	214.33	52.79	38.02
云　南	59.43	222.13	54.15	29.74
陕　西	67.01	257.13	46.42	45.60
甘　肃	53.27	181.11	42.14	48.93
青　海	50.92	298.33	63.69	29.90
宁　夏	56.91	229.75	40.63	50.43
新　疆	61.57	217.85	39.56	47.08
西　藏	41.83	176.89	62.42	23.25

续表

商品收入比 率(%)	娱乐收入比 率(%)	餐 饮毛利率(%)	商 品毛利率(%)	娱 乐毛利率(%)
2.40	0.92	40.32	41.58	77.44
1.73	1.25	49.46	47.24	64.25
1.33	3.64	52.35	32.13	69.73
2.07	2.05	54.42	48.52	59.74
1.77	1.85	49.93	51.56	66.09
0.55	0.63	60.07	46.57	78.27
2.77	1.14	49.29	41.20	77.54
1.74	2.85	50.65	48.78	78.95
2.87	1.13	49.74	50.73	54.41
1.55	1.65	46.51	28.58	52.96
1.91	0.62	49.13	38.01	78.56
1.88	2.02	45.12	39.40	77.48
0.39	0.32	45.49	25.88	73.12
2.92	0.18	44.96	33.18	50.10
0.90	2.55	40.78	33.58	60.90
1.28	—	63.65	53.56	—

2011 年度全国旅游行业经济效益

地　区	平均客房出租率(%)	平均房价(元)	房费收入比　率(%)	餐饮收入比　率(%)
全　国	60.75	655.00	43.19	43.01
北　京	64.56	830.30	46.51	36.85
天　津	42.98	604.69	45.43	46.05
河　北	52.75	431.39	43.96	45.55
山　西	71.51	329.72	44.07	41.23
内蒙古	67.42	475.95	38.36	53.49
辽　宁	62.72	619.05	45.35	42.06
吉　林	73.94	494.53	33.93	57.58
黑龙江	68.85	842.71	57.73	35.52
上　海	58.83	893.31	48.02	41.68
江　苏	60.15	549.40	37.74	48.85
浙　江	56.64	566.40	33.44	55.65
安　徽	45.94	482.40	43.52	46.93
福　建	69.71	549.82	35.87	46.35
江　西	66.15	455.71	19.57	17.14
山　东	54.07	731.95	44.41	44.87

评价补充财务指标表（五星级饭店）

商品收入比率(%)	娱乐收入比率(%)	餐饮毛利率(%)	商品毛利率(%)	娱乐毛利率(%)
2.08	1.11	59.17	36.96	77.51
3.67	0.85	66.18	38.17	86.86
0.57	1.24	57.52	27.30	96.71
0.49	1.64	50.75	67.26	66.31
3.73	0.35	38.02	89.89	88.13
—	—	52.59	—	—
1.72	0.89	57.27	80.26	65.46
—	4.38	63.36	—	91.10
2.65	—	69.31	67.61	—
1.99	0.32	66.82	22.72	80.15
6.60	0.86	57.36	27.20	78.87
0.45	1.89	55.14	40.06	81.05
0.20	0.39	51.24	33.14	93.84
0.18	1.33	53.70	54.62	64.42
0.65	0.08	54.28	57.44	97.39
1.23	0.25	52.56	47.27	81.14

地　区	平均客房出租率(%)	平均房价(元)	房费收入比　率(%)	餐饮收入比　率(%)
河　南	57.55	479.78	46.11	42.66
湖　北	66.73	586.48	53.16	41.24
湖　南	59.59	497.54	35.58	51.71
广　东	60.55	709.18	42.79	40.50
广　西	58.80	500.13	43.36	45.92
海　南	55.49	833.58	64.56	30.24
重　庆	69.64	473.61	39.30	47.21
四　川	66.70	705.78	50.92	39.45
贵　州	52.40	440.80	40.96	50.63
云　南	58.94	515.73	62.94	26.04
陕　西	64.74	664.61	56.43	39.15
甘　肃	41.50	474.67	49.30	40.09
青　海	66.23	776.84	64.89	29.16
宁　夏	—	—	—	—
新　疆	57.64	530.62	28.46	51.81
西　藏	—	—	—	—

续表

商品收入比　率(%)	娱乐收入比　率(%)	餐　饮毛利率(%)	商　品毛利率(%)	娱　乐毛利率(%)
1.16	3.67	59.02	60.11	96.04
1.01	0.52	65.03	97.44	77.31
0.50	6.05	61.66	18.72	77.96
1.93	0.98	57.25	49.00	64.08
2.45	0.07	57.83	68.64	41.18
0.26	0.24	66.79	70.82	91.09
1.13	0.06	54.53	33.41	95.91
0.18	2.64	62.28	21.61	95.51
0.17	0.96	61.52	60.12	95.54
0.63	0.56	56.26	24.23	22.10
0.64	—	50.01	67.90	—
—	1.33	43.57	—	97.91
0.35	1.80	51.39	23.42	80.44
—	—	—	—	—
0.16	4.05	40.49	47.48	54.70
—	—	—	—	—

2011 年度全国旅游行业经济效益

地　区	平均客房出租率(%)	平均房价(元)	房费收入比　率(%)	餐饮收入比　率(%)
全　国	63.14	340.05	38.51	42.67
北　京	64.93	471.58	44.56	33.40
天　津	43.64	422.01	44.71	38.92
河　北	63.24	269.19	32.80	56.00
山　西	69.36	296.73	36.97	53.28
内蒙古	61.47	356.67	40.82	52.69
辽　宁	65.34	301.17	40.08	46.38
吉　林	67.25	240.02	34.87	54.87
黑龙江	48.38	357.80	46.13	43.63
上　海	60.36	513.00	46.75	34.97
江　苏	60.53	329.11	33.06	57.23
浙　江	67.48	357.77	22.37	37.13
安　徽	62.74	254.49	43.33	47.45
福　建	63.15	350.12	41.78	48.46
江　西	60.81	287.28	60.12	32.60
山　东	62.74	328.10	34.49	52.17

评价补充财务指标表（四星级饭店）

商品收入比率(%)	娱乐收入比率(%)	餐饮毛利率(%)	商品毛利率(%)	娱乐毛利率(%)
8.00	1.63	48.95	23.01	69.14
1.73	2.40	54.92	40.11	72.09
5.58	0.62	50.70	21.55	89.64
2.34	1.85	45.67	52.63	78.67
2.67	1.11	49.13	49.20	81.29
0.79	3.40	51.98	25.90	68.92
1.27	0.39	45.88	45.90	81.73
0.52	0.53	50.24	38.10	89.09
4.26	1.50	31.08	45.66	70.31
1.28	0.46	60.34	21.38	83.37
1.55	1.34	46.49	20.75	81.21
34.42	1.40	46.05	19.67	69.94
2.26	1.19	48.56	62.58	51.15
0.83	3.22	45.84	44.92	54.83
1.34	0.52	46.33	40.89	72.74
3.84	0.76	44.77	32.82	70.25

地　区	平均客房出租率(%)	平均房价(元)	房费收入比　率(%)	餐饮收入比　率(%)
河　南	63.84	264.41	46.51	43.30
湖　北	62.13	286.42	45.53	42.58
湖　南	76.33	273.97	43.58	44.89
广　东	61.38	369.16	39.85	40.65
广　西	62.70	254.04	41.15	48.57
海　南	61.22	237.94	61.88	28.22
重　庆	65.24	308.59	44.76	42.88
四　川	63.80	361.39	48.46	37.48
贵　州	65.99	285.78	49.79	42.16
云　南	59.50	292.34	45.04	31.89
陕　西	69.34	331.17	47.07	45.61
甘　肃	55.32	219.21	42.92	49.50
青　海	58.59	583.14	61.22	31.38
宁　夏	60.52	285.39	41.36	47.57
新　疆	58.88	238.56	46.68	42.85
西　藏	35.89	366.54	62.02	32.52

续表

商品收入比 率(%)	娱乐收入比 率(%)	餐 饮毛利率(%)	商 品毛利率(%)	娱 乐毛利率(%)
1.30	0.43	41.71	53.96	65.01
1.88	1.85	49.27	39.50	65.29
0.27	2.46	53.30	46.15	71.03
3.28	3.08	52.40	53.84	49.57
1.15	2.76	49.83	33.76	72.40
1.53	0.52	50.75	33.14	81.16
4.24	0.65	48.20	45.53	79.18
1.86	3.45	48.73	49.42	84.82
3.93	0.85	54.06	52.26	60.45
1.83	1.11	48.66	28.67	55.21
1.35	0.84	56.94	55.15	86.56
1.04	0.28	49.61	22.60	17.19
0.37	—	45.19	28.08	—
3.18	0.25	47.61	35.64	38.73
1.21	1.35	52.57	45.75	77.87
1.08	—	67.19	51.64	—

2011年度全国旅游行业经济效益

地　区	平均客房出租率(%)	平均房价(元)	房费收入比　率(%)	餐饮收入比　率(%)
全　国	61.53	206.16	40.93	45.59
北　京	61.99	316.45	48.06	33.98
天　津	52.10	289.60	36.11	46.82
河　北	54.91	218.32	36.84	55.06
山　西	65.97	229.69	38.64	52.94
内蒙古	58.36	195.53	36.73	45.24
辽　宁	60.19	242.95	44.63	43.95
吉　林	61.66	213.87	45.71	40.50
黑龙江	56.05	187.98	60.33	28.83
上　海	52.47	303.36	42.08	38.13
江　苏	57.26	199.14	29.42	57.60
浙　江	61.89	244.91	33.56	51.27
安　徽	60.25	152.97	38.57	47.95
福　建	62.88	198.50	41.70	45.01
江　西	75.00	164.50	57.30	34.39
山　东	62.64	191.33	32.91	56.97

评价补充财务指标表（三星级饭店）

商品收入比率(%)	娱乐收入比率(%)	餐饮毛利率(%)	商品毛利率(%)	娱乐毛利率(%)
2.81	1.49	41.94	34.49	64.07
2.52	1.48	47.47	35.08	84.44
0.59	1.05	36.71	22.60	86.73
1.48	1.22	38.09	35.05	91.68
2.07	0.64	44.66	41.75	44.28
8.67	0.29	40.21	54.86	53.68
1.89	1.47	44.10	25.05	77.55
1.26	0.11	33.02	51.77	47.84
0.86	1.97	33.30	39.46	69.38
2.54	0.86	46.76	19.99	69.61
2.46	0.71	40.43	27.64	64.89
5.32	1.41	41.10	23.07	60.03
3.80	1.63	36.79	42.29	97.65
0.71	3.52	40.70	46.66	49.79
1.67	0.23	43.55	35.97	97.79
3.86	0.24	37.81	45.79	79.35

地　区	平均客房出租率(%)	平均房价(元)	房费收入比　率(%)	餐饮收入比　率(%)
河　南	63.55	166.02	37.98	52.32
湖　北	62.13	183.84	44.01	44.38
湖　南	70.53	170.13	44.50	43.71
广　东	60.53	253.87	46.32	36.72
广　西	63.29	137.41	43.85	43.85
海　南	59.43	131.75	54.79	35.84
重　庆	60.39	186.30	40.30	39.78
四　川	64.55	194.91	41.40	43.28
贵　州	64.24	169.55	54.53	34.19
云　南	58.65	178.84	58.64	30.44
陕　西	66.70	173.78	42.16	47.62
甘　肃	54.85	173.93	41.53	48.59
青　海	46.49	170.39	65.26	29.99
宁　夏	53.70	209.06	39.49	53.07
新　疆	60.07	159.06	45.22	47.05
西　藏	43.43	134.92	62.67	17.62

续表

商品收入比 率(%)	娱乐收入比 率(%)	餐 饮毛利率(%)	商 品毛利率(%)	娱 乐毛利率(%)
2.78	1.05	37.16	37.29	47.67
1.87	1.22	43.67	37.86	55.67
2.82	2.52	44.75	29.90	59.52
1.57	3.41	48.07	42.04	61.37
1.97	1.88	43.14	43.28	50.77
1.02	0.63	46.11	50.11	48.63
3.73	1.84	43.66	39.60	58.37
2.85	2.80	44.63	51.78	58.03
3.33	1.56	42.53	49.08	42.28
0.96	1.96	37.97	22.49	49.29
2.72	0.71	42.53	30.26	62.22
2.87	3.60	44.09	41.87	79.78
0.48	0.31	42.14	23.71	15.20
2.27	0.14	42.91	31.29	65.62
1.31	1.17	32.29	22.30	83.53
1.39	—	58.52	62.41	—

2011 年度全国旅游行业经济效益

地　区	平均客房出租率(%)	平均房价(元)	房费收入比　率(%)	餐饮收入比　率(%)
全　国	61.72	139.77	46.37	40.88
北　京	59.19	230.08	55.52	18.77
天　津	54.56	142.14	37.75	50.09
河　北	67.28	175.77	48.60	40.27
山　西	60.93	162.87	42.58	49.40
内蒙古	51.81	136.52	48.53	47.25
辽　宁	60.31	182.03	51.66	25.14
吉　林	55.92	163.64	43.80	49.41
黑龙江	50.64	115.44	55.80	34.07
上　海	60.44	228.58	48.01	33.47
江　苏	52.32	154.38	32.67	55.03
浙　江	65.18	147.40	40.69	48.50
安　徽	59.26	131.24	41.02	47.05
福　建	60.65	129.18	44.20	45.43
江　西	60.18	139.74	69.39	24.32
山　东	54.44	165.71	48.87	45.34

评价补充财务指标表（二星级饭店）

商品收入比率(%)	娱乐收入比率(%)	餐饮毛利率(%)	商品毛利率(%)	娱乐毛利率(%)
2.70	1.40	39.34	31.51	62.71
8.33	0.75	39.16	11.26	99.87
2.96	0.36	42.98	31.79	27.16
0.18	0.75	28.75	—	77.38
0.48	3.19	46.37	23.89	91.58
1.21	0.08	37.53	45.44	99.64
0.34	—	41.57	23.92	—
0.01	—	19.69	—	—
1.64	—	40.21	22.02	—
1.72	0.23	44.11	17.34	54.06
0.84	0.48	32.29	38.31	16.99
2.61	2.03	37.17	41.34	59.02
6.55	—	40.58	38.85	—
3.64	2.71	35.73	52.80	70.44
0.55	0.19	43.63	24.49	—
2.83	0.05	31.63	48.88	—

地　区	平均客房出租率(%)	平均房价(元)	房费收入比　率(%)	餐饮收入比　率(%)
河　南	61.39	130.14	38.86	46.81
湖　北	71.12	104.35	46.52	44.45
湖　南	73.16	121.56	50.23	41.89
广　东	63.19	187.90	56.56	21.07
广　西	62.07	105.30	51.56	37.30
海　南	31.29	130.75	51.22	6.62
重　庆	50.57	118.56	40.23	45.16
四　川	63.44	148.24	42.15	43.31
贵　州	54.80	178.27	63.74	29.69
云　南	63.00	96.58	51.91	28.54
陕　西	66.78	129.11	38.40	50.92
甘　肃	49.47	117.82	38.02	53.77
青　海	49.25	100.76	88.86	1.73
宁　夏	74.59	158.48	49.67	40.86
新　疆	80.87	102.67	71.71	23.55
西　藏	—	—	—	—

续表

商品收入比　率(%)	娱乐收入比　率(%)	餐　饮毛利率(%)	商　品毛利率(%)	娱　乐毛利率(%)
3.93	0.30	36.85	28.51	—
2.49	0.83	33.92	33.88	42.25
2.37	2.13	38.95	49.49	33.73
2.51	1.24	45.86	33.15	84.70
1.56	0.09	39.01	61.19	41.16
0.07	24.66	57.32	—	35.75
2.80	2.40	40.30	33.67	81.34
2.43	2.16	44.61	38.44	60.23
0.30	1.11	43.65	34.15	77.58
3.81	4.80	40.34	29.85	54.58
3.98	1.03	52.26	30.11	80.56
1.02	0.24	40.49	24.53	34.88
—	—	5.19	—	—
9.47	—	53.72	32.27	—
1.32	—	32.29	23.77	—
—	—	—	—	—

2011 年度全国旅游行业经济效益

地　区	平均客房出租率(%)	平均房价(元)	房费收入比　率(%)	餐饮收入比　率(%)
全　国	60.41	107.38	51.38	41.17
北　京	92.44	158.35	93.80	3.79
天　津	38.66	104.23	21.15	78.16
河　北	49.01	151.29	32.43	66.26
山　西	—	—	—	—
内蒙古	54.09	68.32	54.82	45.18
辽　宁	72.55	136.45	42.86	38.67
吉　林	83.33	81.43	59.28	32.93
黑龙江	63.58	101.50	72.70	20.71
上　海	60.07	91.83	44.43	52.99
江　苏	36.43	150.01	81.68	18.32
浙　江	66.51	98.07	39.39	52.27
安　徽	72.27	75.01	61.52	—
福　建	64.10	91.15	19.73	58.77
江　西	63.57	104.64	100.00	—
山　东	52.54	107.38	31.17	48.31

评价补充财务指标表（一星级饭店）

商品收入比　率(%)	娱乐收入比　率(%)	餐　饮毛利率(%)	商　品毛利率(%)	娱　乐毛利率(%)
3.05	0.99	38.17	44.17	79.78
—	2.33	—	—	92.41
—	—	55.32	—	—
1.31	—	26.35	24.00	—
—	—	—	—	—
—	—	44.44	—	—
—	—	52.73	—	—
—	5.20	—	—	—
6.05	—	45.60	99.47	—
0.02	—	23.68	7.30	—
—	—	17.11	—	—
1.08	6.70	33.91	28.56	81.71
8.50	—	—	10.97	—
20.49	0.51	33.60	34.15	15.67
—	—	—	—	—
20.52	—	43.76	44.67	—

地　区	平均客房出租率(%)	平均房价(元)	房费收入比　率(%)	餐饮收入比　率(%)
河　南	64.81	161.99	100.00	—
湖　北	69.32	79.28	79.06	20.94
湖　南	80.25	112.91	59.88	31.55
广　东	—	—	100.00	—
广　西	—	—	46.48	48.77
海　南	32.63	85.52	59.26	32.14
重　庆	43.03	78.61	46.34	42.65
四　川	70.06	125.17	85.91	10.47
贵　州	—	—	—	—
云　南	57.86	102.19	52.60	45.93
陕　西	66.68	131.39	29.37	67.42
甘　肃	51.36	65.56	64.53	25.55
青　海	—	—	—	—
宁　夏	—	—	—	—
新　疆	51.86	123.75	49.05	41.26
西　藏	—	—	—	—

续表

商品收入比率(%)	娱乐收入比率(%)	餐饮毛利率(%)	商品毛利率(%)	娱乐毛利率(%)
—	—	—	—	—
—	—	30.38	—	—
—	—	40.28	—	—
—	—	—	—	—
2.83	—	43.48	40.00	—
1.50	0.19	27.71	82.03	—
1.31	1.13	29.26	30.00	30.00
1.97	—	61.00	24.00	—
—	—	—	—	—
—	—	23.01	—	—
3.21	—	57.50	—	—
—	—	—	—	—
—	—	—	—	—
—	—	—	—	—
6.95	—	39.26	37.32	—
—	—	—	—	—

2011 年度全国旅游行业经济效益

地　区	平均客房出租率(%)	平均房价(元)	房费收入比　率(%)	餐饮收入比　率(%)
全　国	56.43	338.36	47.11	40.91
北　京	63.04	532.28	40.97	28.71
天　津	68.40	133.81	12.67	68.02
河　北	62.65	231.48	33.74	44.24
山　西	—	—	28.58	33.99
内蒙古	64.77	147.43	79.01	20.96
辽　宁	53.82	397.21	47.34	47.23
吉　林	46.01	355.72	59.24	29.46
黑龙江	71.84	357.34	60.21	35.71
上　海	59.68	327.09	63.64	29.04
江　苏	49.25	317.26	32.64	57.89
浙　江	55.60	350.84	34.64	46.68
安　徽	23.46	179.23	32.45	47.59
福　建	57.51	348.11	46.42	50.44
江　西	48.35	151.95	59.08	39.25
山　东	51.74	401.25	37.57	52.90

评价补充财务指标表（未评星级饭店）

商品收入比率(%)	娱乐收入比率(%)	餐饮毛利率(%)	商品毛利率(%)	娱乐毛利率(%)
1.78	1.77	51.89	34.24	78.75
1.81	1.37	57.49	49.20	75.19
—	0.02	69.60	—	—
6.00	0.30	25.70	40.15	94.46
—	0.20	86.70	—	—
0.03	—	39.90	—	—
0.64	0.01	49.55	36.26	—
1.93	—	38.23	45.22	—
—	0.43	65.12	—	93.90
0.35	0.66	56.61	28.69	95.79
1.40	3.33	49.00	29.22	78.56
7.60	2.17	50.22	26.18	87.94
0.11	0.95	37.90	94.99	93.11
0.09	0.16	51.95	68.65	66.37
—	—	36.87	—	—
1.94	0.27	40.25	53.19	—

地　区	平均客房出租率(%)	平均房价(元)	房费收入比　率(%)	餐饮收入比　率(%)
河　南	53.41	323.04	33.27	44.32
湖　北	56.95	219.04	50.01	29.26
湖　南	58.64	357.09	37.63	43.89
广　东	58.31	393.04	45.24	42.52
广　西	44.30	166.44	36.82	48.36
海　南	58.01	400.63	62.13	28.17
重　庆	52.26	250.15	36.49	48.66
四　川	49.87	294.89	48.10	42.40
贵　州	52.43	226.65	54.37	36.53
云　南	51.14	191.31	67.13	28.38
陕　西	63.09	174.18	32.39	65.29
甘　肃	48.68	153.79	54.23	44.66
青　海	82.92	111.98	40.68	59.08
宁　夏	—	—	—	—
新　疆	47.15	331.23	29.13	51.21
西　藏	—	—	—	—

续表

商品收入比　率(%)	娱乐收入比　率(%)	餐　饮毛利率(%)	商　品毛利率(%)	娱　乐毛利率(%)
4.08	0.13	43.26	51.45	—
1.59	—	48.20	38.71	—
1.36	10.28	50.54	27.06	61.25
1.22	1.90	56.74	43.51	73.46
1.60	8.75	47.17	30.87	69.23
0.24	1.46	55.47	45.02	96.60
0.93	9.12	40.17	48.24	91.10
1.97	1.08	43.53	66.31	50.16
0.70	0.04	49.30	50.47	—
0.90	1.13	50.48	62.65	86.45
—	1.91	42.37	—	81.74
—	—	—	—	—
—	—	57.53	—	—
—	—	—	—	—
4.06	14.58	51.96	—	52.53
—	—	—	—	—

2011 年度全国旅游行业经济效益

地　区	景区门票收入比率(%)	景区餐饮收入比率(%)	景区商品收入比率(%)	景区娱乐收入比率(%)
全　国	52.56	10.36	8.28	4.19
北　京	49.59	14.40	8.43	11.60
天　津	25.98	0.64	22.34	14.12
河　北	30.71	7.39	1.48	1.40
山　西	68.14	1.50	2.78	1.11
内蒙古	28.16	25.23	2.66	26.74
辽　宁	67.37	14.54	0.27	3.91
吉　林	55.31	15.38	11.13	4.65
黑龙江	58.52	27.21	1.46	0.76
上　海	61.72	7.91	3.53	8.11
江　苏	61.24	4.26	6.55	2.66
浙　江	44.86	7.20	4.97	1.21
安　徽	54.05	14.30	6.64	3.10
福　建	37.79	3.33	37.70	2.26
江　西	49.83	3.46	27.40	15.02
山　东	51.63	7.61	10.55	0.75

评价补充财务指标表（全部旅游景区）

其他旅游收入比率(%)	景区餐饮收入毛利率(%)	景区商品收入毛利率(%)	景区娱乐收入毛利率(%)	平均门票价格(元)
24.61	40.99	47.17	56.84	40.82
15.98	33.69	32.29	91.84	30.94
36.92	36.95	21.02	46.99	31.45
59.02	48.50	47.04	41.34	55.01
26.47	48.85	34.54	33.17	24.73
17.21	42.85	57.75	92.51	38.49
13.91	43.46	53.34	46.05	55.84
13.53	27.17	56.95	52.16	52.20
12.05	47.06	69.21	65.36	49.41
18.73	37.88	50.74	52.67	72.29
25.29	40.46	27.86	30.81	33.64
41.76	42.33	34.64	70.92	33.59
21.91	28.20	30.63	28.97	38.76
18.92	31.57	69.08	41.31	52.80
4.29	63.52	55.11	21.97	33.25
29.46	44.23	58.13	41.90	35.28

地　区	景区门票收入比率(%)	景区餐饮收入比率(%)	景区商品收入比率(%)	景区娱乐收入比率(%)
河　南	76.25	8.34	1.89	1.78
湖　北	69.39	12.20	1.30	4.27
湖　南	66.39	7.41	3.17	4.47
广　东	52.17	12.38	5.16	1.21
广　西	72.61	9.32	0.77	3.10
海　南	71.42	8.89	9.02	—
重　庆	44.43	18.98	15.83	4.80
四　川	40.51	27.36	15.10	9.18
贵　州	61.93	14.51	2.69	0.36
云　南	51.77	4.18	20.78	0.14
陕　西	68.41	7.45	4.31	4.14
甘　肃	63.76	21.26	2.64	3.12
青　海	80.22	14.06	—	—
宁　夏	53.12	8.22	1.45	14.70
新　疆	64.88	23.98	0.16	1.69
西　藏	—	—	—	—

续表

其他旅游收入比率(%)	景区餐饮收入毛利率(%)	景区商品收入毛利率(%)	景区娱乐收入毛利率(%)	平均门票价格(元)
11.74	38.34	40.97	39.54	40.18
12.84	43.78	36.82	33.67	39.06
18.56	48.48	50.13	82.64	55.01
29.08	54.09	58.13	42.52	62.49
14.20	55.45	46.87	86.61	28.61
10.67	50.74	58.11	—	40.30
15.96	41.08	23.07	60.57	35.81
7.85	29.09	13.39	33.86	40.01
20.51	40.27	28.43	48.29	37.65
23.13	47.24	67.48	52.75	28.86
15.69	40.46	57.41	32.05	42.70
9.22	40.21	12.24	62.15	33.27
5.72	35.98	—	—	34.98
22.51	41.33	68.22	43.98	40.18
9.29	26.08	24.41	57.18	26.85
—	—	—	—	—

2011 年度全国旅游行业经济效益

地　区	景区门票收入比率(%)	景区餐饮收入比率(%)	景区商品收入比率(%)	景区娱乐收入比率(%)
全　国	46.51	13.11	7.97	4.48
北　京	34.82	34.45	19.71	5.73
天　津	63.85	—	—	—
河　北	25.00	2.05	0.62	0.03
山　西	51.70	3.27	7.00	2.85
内蒙古	22.78	19.07	3.24	33.50
辽　宁	68.40	15.01	0.33	1.13
吉　林	37.42	22.26	15.91	8.08
黑龙江	54.93	30.60	1.64	0.86
上　海	22.96	21.93	0.65	43.92
江　苏	48.30	11.70	17.52	0.34
浙　江	39.37	10.14	5.80	2.07
安　徽	43.70	31.83	5.93	1.17
福　建	53.89	3.18	17.53	1.59
江　西	84.14	6.42	1.49	2.51
山　东	61.74	14.22	7.43	1.71

评价补充财务指标表（自然类旅游景区）

其他旅游收入比率(%)	景区餐饮收入毛利率(%)	景区商品收入毛利率(%)	景区娱乐收入毛利率(%)	平均门票价格(元)
27.93	36.02	44.05	60.85	35.16
5.29	27.42	31.90	94.38	45.98
36.15	—	—	—	22.38
72.30	26.58	65.29	50.00	51.02
35.18	50.57	34.07	33.33	29.94
21.41	43.36	58.36	93.09	36.85
15.13	44.52	53.34	39.96	57.56
16.33	20.95	60.57	50.07	30.13
11.97	47.06	69.21	65.36	47.43
10.54	33.15	59.67	50.00	14.80
22.14	40.76	25.87	37.76	22.70
42.62	40.99	26.90	71.13	26.64
17.37	27.95	30.57	70.36	38.06
23.81	29.83	93.17	33.56	51.36
5.44	61.44	54.18	70.65	28.30
14.90	42.21	54.96	41.90	32.91

地　区	景区门票收入比率(%)	景区餐饮收入比率(%)	景区商品收入比率(%)	景区娱乐收入比率(%)
河　南	75.01	6.12	2.24	2.70
湖　北	69.82	9.08	1.62	5.75
湖　南	64.98	6.71	1.00	2.19
广　东	32.02	16.88	6.24	1.48
广　西	71.25	9.13	0.76	3.38
海　南	72.36	11.82	3.50	—
重　庆	56.71	8.65	4.68	3.71
四　川	25.28	33.98	22.52	11.38
贵　州	71.99	16.06	1.15	0.62
云　南	43.81	4.60	24.68	0.17
陕　西	69.45	8.54	3.34	3.49
甘　肃	75.90	12.99	3.76	4.43
青　海	—	—	—	—
宁　夏	50.99	4.27	2.10	10.21
新　疆	40.76	39.99	0.27	3.08
西　藏	—	—	—	—

续表

其他旅游收入比率(%)	景区餐饮收入毛利率(%)	景区商品收入毛利率(%)	景区娱乐收入毛利率(%)	平均门票价格(元)
13.93	47.01	42.78	39.54	38.94
13.73	42.33	36.28	33.69	41.15
25.12	36.67	40.10	91.10	56.34
43.38	42.01	52.16	19.39	34.31
15.48	60.58	44.69	88.70	30.26
12.32	51.42	55.32	—	47.63
26.25	35.62	30.30	37.93	33.44
6.84	22.05	8.86	27.30	34.69
10.18	20.37	36.76	48.29	32.69
26.74	47.49	68.69	52.75	37.93
15.18	40.60	61.08	40.00	38.17
2.92	33.69	12.24	62.15	32.53
—	—	—	—	—
32.43	41.20	68.22	58.28	41.88
15.90	25.08	21.46	57.18	23.44
—	—	—	—	—

2011年度全国旅游行业经济效益

地　区	景区门票收入比率(%)	景区餐饮收入比率(%)	景区商品收入比率(%)	景区娱乐收入比率(%)
全　国	64.00	3.74	7.04	5.12
北　京	80.68	1.11	1.30	5.41
天　津	93.58	—	1.65	—
河　北	63.74	18.61	—	10.14
山　西	94.91	0.74	0.79	0.33
内蒙古	49.48	48.30	0.42	0.41
辽　宁	86.89	—	—	—
吉　林	64.23	—	—	—
黑龙江	—	—	—	—
上　海	55.66	—	—	—
江　苏	54.33	1.81	12.57	16.33
浙　江	34.34	0.92	18.09	—
安　徽	66.62	—	10.24	6.49
福　建	—	—	—	23.48
江　西	88.43	0.58	1.53	—
山　东	16.20	1.31	14.35	—

评价补充财务指标表（文物类旅游景区）

其他旅游收入比率(%)	景区餐饮收入毛利率(%)	景区商品收入毛利率(%)	景区娱乐收入毛利率(%)	平均门票价格(元)
20.10	47.31	55.68	33.86	32.37
11.50	41.68	42.35	59.31	36.28
4.77	—	25.34	—	29.68
7.51	35.98	—	34.01	24.32
3.23	22.03	—	30.71	26.81
1.39	45.07	43.42	—	45.88
13.11	—	—	—	46.54
35.77	—	—	—	30.37
—	—	—	—	—
44.34	—	—	—	34.65
14.96	54.48	56.75	30.05	18.80
46.65	87.30	—	—	27.34
16.65	—	—	19.84	51.74
76.52	—	—	82.12	—
9.46	78.55	77.50	—	55.58
68.14	68.89	59.31	—	15.94

地　区	景区门票收入比率(%)	景区餐饮收入比率(%)	景区商品收入比率(%)	景区娱乐收入比率(%)
河　南	94.94	0.09	0.18	—
湖　北	78.96	10.82	0.95	0.23
湖　南	52.32	8.28	26.97	2.28
广　东	92.87	0.25	3.41	—
广　西	74.98	24.15	0.87	—
海　南	42.59	22.83	23.19	—
重　庆	89.64	—	—	—
四　川	66.53	10.30	22.93	—
贵　州	59.85	—	—	—
云　南	89.36	0.45	3.31	—
陕　西	72.32	3.58	3.10	5.43
甘　肃	83.18	0.54	1.34	0.54
青　海	87.66	—	—	—
宁　夏	57.90	17.09	—	24.77
新　疆	91.23	5.70	—	—
西　藏	—	—	—	—

续表

其他旅游收入比率(%)	景区餐饮收入毛利率(%)	景区商品收入毛利率(%)	景区娱乐收入毛利率(%)	平均门票价格(元)
4.79	—	5.34	—	40.38
9.04	53.96	80.02	75.26	26.89
10.15	48.45	49.60	46.58	22.16
3.47	69.44	54.67	—	35.93
—	35.95	88.23	—	19.47
11.39	38.15	65.95	—	37.54
10.36	27.50	34.31	—	30.25
0.24	32.76	45.08	—	34.17
40.15	—	—	—	28.91
6.88	59.71	43.23	—	20.39
15.57	38.49	61.19	25.97	55.44
14.40	—	—	—	36.13
12.34	—	—	—	60.00
0.24	49.17	—	32.47	37.20
3.07	75.63	—	—	15.41
—	—	—	—	—

2011 年度全国旅游行业经济效益

地　区	景区门票收入比率(%)	景区餐饮收入比率(%)	景区商品收入比率(%)	景区娱乐收入比率(%)
全　国	58.08	8.12	8.90	3.65
北　京	52.55	5.78	3.52	15.73
天　津	22.60	0.69	23.86	15.10
河　北	43.96	20.79	3.81	4.54
山　西	68.97	0.35	0.12	—
内蒙古	46.96	47.72	0.62	2.82
辽　宁	42.19	21.84	—	32.83
吉　林	75.16	8.09	6.07	0.93
黑龙江	87.28	—	—	—
上　海	70.04	4.90	4.15	0.43
江　苏	68.48	1.16	0.38	1.48
浙　江	53.96	3.32	2.62	0.02
安　徽	51.85	1.99	0.23	0.30
福　建	21.45	3.66	62.29	2.00
江　西	10.63	1.79	56.09	29.58
山　东	71.43	3.51	11.66	—

评价补充财务指标表（主题类旅游景区）

其他旅游收入比率(%)	景区餐饮收入毛利率(%)	景区商品收入毛利率(%)	景区娱乐收入毛利率(%)	平均门票价格(元)
21.25	50.81	50.13	58.10	52.20
22.42	53.48	32.85	93.15	26.85
37.75	36.95	21.02	46.99	33.38
26.90	54.61	39.53	42.12	70.15
30.56	63.53	57.43	—	21.20
1.88	41.41	44.50	47.72	38.87
3.14	35.09	—	48.00	49.85
9.75	44.04	44.81	72.64	91.30
12.72	—	—	—	62.62
20.48	42.40	50.43	52.73	99.55
28.50	35.49	41.42	32.05	45.27
40.08	47.07	60.49	44.98	47.67
45.63	38.05	34.66	67.03	22.80
10.60	33.20	61.43	23.09	57.39
1.91	68.31	55.00	18.52	43.84
13.40	47.85	59.83	—	61.70

地　区	景区门票收入比率(%)	景区餐饮收入比率(%)	景区商品收入比率(%)	景区娱乐收入比率(%)
河　南	63.91	23.17	2.19	0.24
湖　北	65.62	23.15	0.27	0.23
湖　南	73.20	9.32	5.18	11.66
广　东	66.68	9.25	4.37	1.04
广　西	87.24	4.37	0.83	1.33
海　南	71.08	—	22.74	—
重　庆	24.29	32.55	29.66	6.73
四　川	61.11	18.62	4.29	6.41
贵　州	46.35	14.42	5.56	—
云　南	82.61	3.09	5.40	—
陕　西	30.15	25.56	22.09	0.79
甘　肃	27.46	47.75	—	0.32
青　海	73.80	26.20	—	—
宁　夏	—	—	—	—
新　疆	94.83	4.22	0.03	—
西　藏	—	—	—	—

续表

其他旅游收入比率(%)	景区餐饮收入毛利率(%)	景区商品收入毛利率(%)	景区娱乐收入毛利率(%)	平均门票价格(元)
10.49	29.06	31.68	—	45.74
10.73	56.94	22.10	22.10	36.93
0.64	53.89	54.63	79.21	65.31
18.66	71.22	67.00	68.45	95.01
6.23	21.76	—	25.39	22.65
6.18	—	66.13	—	28.56
6.77	42.18	21.97	62.83	49.54
9.57	46.37	39.37	50.34	45.96
33.67	68.98	26.09	—	64.19
8.90	44.80	31.07	—	18.79
21.41	42.16	48.57	31.43	16.93
24.47	43.81	—	—	37.36
—	35.98	—	—	24.50
—	—	—	—	—
0.92	30.17	52.00	—	32.30
—	—	—	—	—

责任编辑：王建华　王　军
装帧设计：中文天地
责任印制：冯冬青

图书在版编目（CIP）数据

2012中国旅游财务信息年鉴/中华人民共和国国家旅游局编. --北京：中国旅游出版社，2012.9
ISBN 978-7-5032-4513-8

Ⅰ.①2… Ⅱ.①中… Ⅲ.①旅游业-财务信息-中国-2012-年鉴 Ⅳ.①F592.6-54

中国版本图书馆CIP数据核字（2012）第211387号

书　　名：2012中国旅游财务信息年鉴

编　　者：中华人民共和国国家旅游局
出版发行：中国旅游出版社
（北京建国门内大街甲9号　邮编：100005）
http：//www.cttp.net.cn　E-mail：cttp@cnta.gov.cn
发行部电话：010-85166503
排　　版：北京中文天地文化艺术有限公司
印　　刷：北京工商事务印刷有限公司
版　　次：2012年9月第1版　2012年9月第1次印刷
开　　本：787毫米×1092毫米　1/16
印　　张：17
印　　数：4000册
字　　数：220千
定　　价：68.00元
ISBN　978-7-5032-4513-8